你一直在我們心中：吳新發博士懷念文集

張譽騰／編

吳新發博士肖像
（曾軟軟／繪）

目次

卷五 同事朋友的懷念

卷六 學生的懷念

卷十二 《中央日報國際版》翻譯作品

卷一　吳新發博士生平事略

一九五五年三月六日　出生於雲林縣東勢鄉東南村
一九六一－一九六七　就讀雲林縣東勢國小
一九六七－一九七〇　就讀雲林縣虎尾中學初中部
一九七〇－一九七三　就讀雲林縣北港高中
一九七三－一九七七　就讀國立高雄師範學院英語系
一九七七－一九七八　於雲林縣北港鎮建國國中實習
一九七八－一九七九　於台中清泉崗服預備軍官役
一九七九　與林月嬌老師結婚
一九八〇－一九八三　就讀淡江大學西洋語文研究所
一九八二　女兒勵君出生
一九八三　任教於中興大學外文系先後擔任講師、副教授、外文系主任、教育學程中心主任和教務處祕書等職。
一九八五　兒子牧錞出生

一九八九	於英國倫敦大學（University of London）Royal Holloway and Bedford New College攻讀博士學位
一九九二	取得倫敦大學戲劇學博士學位
二〇〇六	從中興大學退休
二〇〇六－二〇〇八	任教於靜宜大學外文系
二〇〇八－二〇一五	任教於亞洲大學外文系
二〇一二年一月	女兒吳勵君結婚
二〇一二年六月	兒子吳牧錞結婚
二〇一五年十月十五日	孫子吳祁出生
二〇一五年十月十七日	往生，奉厝於雲林縣東勢鄉

資料來源／林月嬌

卷二　家人的懷念

死生契闊，與子成說

林月嬌／吳新發夫人

三年了，路上瞥見壯碩的身軀，仍有股衝動，想要趨前「執子之手，與子偕老」。但幾步後，又廢然停止……你已不在了，再也無法攜手同行了

雖然同樣成長於務農家庭，但我自小備受長輩們的呵護，婚前絲毫不懂得如何做菜。第一次煎魚時，魚一下鍋，熱油四濺，嚇得我大聲尖叫，你著急地跑來，拿起鍋蓋擋在我的面前，關了瓦斯，看我傷著了沒有？接著站在身旁，告訴我魚要先用餐巾紙瀝乾水分，抹上鹽巴，還有火不能太大。就這樣，在陣陣笑語聲中，我們一起煎出一尾略帶焦黑的虱目魚。看著

你邊吃邊誇讚，我心裡盈滿了歡喜與感動。

你已經胸悶了好一陣子，喝熱開水或練功運氣不見好轉。那個夜晚，你開車前往草屯曾漢棋醫院做心電圖檢查。檢查結果顯示你有昏迷的危險，醫生馬上開轉診單。那個早晨，你邀我和你一起到台中中山醫院做檢查。心導管檢查後，發現三條血管中，兩條半已阻塞了，醫生立即安排動手術，裝了支架。事後，你告訴我，為了不讓我擔心，你一直不忍心告訴我，你心臟不舒服的事。

你的真誠善良，一直是最令我感動與感恩的。你將對我的愛，大方分享給我的家人，讓我的心恆久沉浸在暖暖的愛河中。我的弟妹秀娟，曾提到全年無休做了近二十年的生意，覺得身心俱疲。你悄悄做了安排，邀請他們夫婦在中午收攤後，一起南下高雄。先

到西子灣參觀英國領事館，欣賞夕陽，再到真愛碼頭，清風徐徐，水花盪漾，欣賞著黃色小鴨，真是賞心悅目，寵辱皆忘。直到九點多，我們才盡興地回到南投。秀娟又找回了自我的能量。

我的妹妹月治在癌症治療後，身體不適導致情緒低落。只要她狀況較好，你就載著她們夫妻到處遊覽。我們漫步在日月潭的環湖步道，站在幸福連線前，望著水波不興的湖水，悠悠談著生命的悠然與寧靜。在合歡山上，我們裹著數條毛毯等待流星，你述說著生命的燦爛和美好。你對我家人貼心的關懷與照顧，讓我感到無比的溫馨與感激。

旅居英國雖僅一年半，卻是我們最珍惜的幸福時光。記得兒子小牧第一天放學回來，急急忙忙地問道：「爸爸，What是甚麼？」會過意來時，你我忍不住哈哈大笑。原來，聽不懂小朋友說什麼，他就講國語回應；小朋友聽不懂，就what, what地問。在僅有客廳大小的房間裡，全家人坐在地板上聊著當天的所見所聞，閱讀帶回來的英語小讀本。這種溫馨的互動讓我們家人的關係更顯緊密。

雖然你較晚抵達皇家學院報到就讀，卻是同學中最年長的。你待人真心、誠懇，不拘小節，很快地把來自台灣和大陸的留學生們，吸引到我們這個溫暖的窩來。有一次，你和三位大陸留學生邊聊天邊喝啤酒，整整喝了一打。其他人都跑了好幾趟洗手間，只有你全程盤腿坐在椅子上，如如不動。留學生們更喜歡到這裡來，欣賞你不取於相，如如不動的模樣，也紓解了做學術研究的苦悶。

不知從何時起，總是盼望三五好友週末到我們中興的家來。我可以得到好多好多的常識、知識與快樂。你及好友們，偶爾喜歡在牌桌上腦力激盪。上了牌桌，手動、腦動、還有口動。天南地北，學校生活、國家大事，無所不談。站在一旁，聽著你們忽而激動，忽而唏噓，偶爾夾雜著

幾聲憤慨，恨不得牌局永遠不要結束，天天能如此充實愉快！

好友珍修傳來中寮山上地湧金蓮盛開的照片。那一回，楊老師邀約到奮起湖賞櫻。無意中，在民宿的山坡上，見到含苞的地湧金蓮。老闆說這是遠從雲南移植而來，非常難得，價錢不菲。返家後，你因愛戀地湧金蓮而輾轉難眠。隔天一大早，又直奔民宿，一口氣買了三株。地湧金蓮三年開一次花，花期長達八個月。珍修家的地湧金蓮，是在你往生後移植過去的，今年正好第三年。望著燦爛輝煌的地湧金蓮，你真的乘蓮而去了嗎？

三年了，仍能感受到你帶給家人及朋友的溫度。曾主任有空即邀約興大的同事們，到溪頭享受森林浴；慧聰要出門，就會來相邀同行；老張回南投，就有牌友來熱鬧相聚。他們的問候與關心，時時溫暖著我的心。你

雖然不在身邊，但我和孩子們都享受著你的餘蔭。

「死生契闊，與子成說；執子之手，與子偕老」。但寂寥天長，你的影子，你的笑容，你的溫度伴隨著我，思念倍深。

從未離開

新竹市立香山高中
國中部英語教師
吳勵君／吳新發博士千金

今天晚上霧有點濃，你說過這樣明天應該會是個好天氣。我記得。

學生捅了樓子氣死我了，該怎麼處理？對了，你曾提點我，急事緩辦，不要在生氣的時候做決定。我這麼做了。

決定辭掉行政助理工作，報名教甄，半年應考期間，沒有過任何一通詢問結果的電話，相較於其他考生，免於家人的親情關懷，我專心當專職教甄考生。考上的那天晚上，你立刻下載了公

布的榜單。其實我也記得，高中與大學放榜時，你也用紅筆在報紙上把我的名字圈了起來。

大學畢業前兩個月，很多同學都已經陸續收到國外研究所錄取通知，而我才想要出國念研究所，你沒有第二句話，帶著我去銀行申請存款證明。

研究所女性主義課堂上，我向老師說，在我的觀念裡，女生可以成為任何她想成為的樣子，我說得慷慨激昂，不懂為什麼有人會對女生有這麼多限制。後來才發現，這不僅是因為就讀女校讓我看到女生在理工科也能表現傑出，有許多學姊在不同業界做為模範，更是因為自小，你與媽媽對於我提出想做的事，從來就只有支持。

這些，在我生命中是如此的理所當然。進入教職八年，接觸許多教育界大師前輩們的理念，然後回首發現，他們所說的，我早在每一次與你坐在電視前的談話中，已聽你闡述過，你也在我與弟弟身上實踐了三十六年。

三十六年來我得到最高的稱讚，是我跟你，很像。

如同放在我書房抽屜裡的你的領帶，你沒有離開。

遇到困難時，我會想起你跟我說過的話。跟朋友聊天時，我會提起你曾經帶我去過的地方。上課分享國外生活時，我會說到你曾帶我做過的事情。回家看到伯伯叔叔們在打牌，我彷彿能聽到你邊吃飯邊安排牌搭的聲音。

與大家一起看你整理的照片時，我轉向餐桌，似乎還能看見你坐在餐桌前一張張掃描照片的身影。

我想，我上輩子應該是燒盡了一生的好香，這輩子才有幸做了你的女兒。

能夠擁有你的愛，是我這輩子最大的福氣

英國牛津大學考古學博士
國立台灣大學人類學系助理教授
吳牧錞／吳新發公子

我在家裡亂發脾氣的時候，爸爸通常不太發表意見，不過我知道當他開始說話的時候，也就代表我大難臨頭了。

記得是我小學二年級的時候，又為了某個幼稚原因跟媽媽大吵一架，任性的我跑回自己房間大力地甩門並將房門上鎖。那是我第一次甩門，也是第一次上鎖，我當時覺得我像電視上的人一樣，帥！我暗自得意，直到爸爸身影出現在陽台。當時陽台落地窗門鎖壞了，我知

道他可以輕易把門打開，因此使盡所有能耐要將門給擋住。爸爸感受到了阻力，也開始加大開門力量，那是我第一次感到爸爸積極緊迫地想達到某個目的，我知道事情嚴重了。完蛋了，我開始大哭，爸爸進來了，我對於接著要受的處罰感到極度恐懼。爸爸坐到了我旁邊，用他平時沉穩的聲音，不疾不徐地與我對談。那是我第一次甩門上鎖，也是最後一次。

爸爸是一個文人，他的朋友們無時不讚賞他的文筆細膩、充滿感情與關懷。不過，在家裡，爸爸從不將他的感受訴諸言語，作為他的兒子，即便到他走了，我從來沒有真實地從他身上感受到「愛」。直

到我自己有了小孩，我才意識到爸爸對我的愛無所不在。

爸爸從來沒有打過我，從沒強迫改變我未來志願，從沒因我成績不好責罵我；相對地，爸爸想盡辦法讓我在讀書與當兵的時候得以順遂，為了我的留學放棄他自己當教授的夢想，為了我回國後可以成家立業捨棄了退休享福的美好生活，爸爸總是用他的理想和夢想換取我的好生活。

爸爸不會將愛說出來，而是用行動展現他對人的愛。對於他愛我的付出與犧牲，我一向視為理所當然。爸爸，對不起！你還在的時候，我從沒用你的方式愛過你。只有現在回頭，才發現能夠擁有

親家（王文成、鍾松喬）、林月嬌、王敏瑄（媳婦）、吳新發

你的愛，是我這輩子最大的福氣。爸爸，我愛你！

卷三　親戚的懷念

懷念新發襟兄

南開大學休閒事業管理系助理教授　陳塀元

一九七九年，新發兄與月嬌姊結婚，隔了兩年，我很幸福，娶了月嬌的胞妹月治。從此之後，阿發成了我的襟兄，也成了我的典範。我的人生也因為新發，而有了許多的啟發。

一九八二年年初，阿發喜獲勵君，年底我們家均竹出生；一九八五年，吳家添了壯丁牧錞，隔了兩年，陳家有了麟兒映全；一九八四年間，阿發在中興新村買了房子，我也跟著於一九八七年在中興新村買了房子。勵君讀可愛幼稚園，均竹就跟著讀可愛；牧錞給王媽媽帶，映全也跟著給王媽媽帶。勵君讀光榮國小，均竹也跟著；牧錞換去讀中興托兒所與光華國小，映全也換去讀中興托兒所與光華。總而言之，我們家的小孩，不是照書養，也不是照豬養，而是照吳老師家的方式養。

阿發取得碩士學位後，任教於中興大學外文系，讓我興起了在職讀碩士的計畫，也跟著於一九八七年獲得碩士學位。後來，阿發榮獲國科會獎學金並帶職帶薪三年，前往英國讀博士。月嬌留職停薪與勵君及牧錞一同前往，讓我羨慕萬分。但，這難度太高，自知難以再效顰，只能心嚮往之。或許是因為吳家大小在英國生活與學習三年太過幸福，引起我高度的動機，嘗試去報考教育部公費留考。很幸運地，我考上了，省政府也恩准我帶職帶薪三年，前去美國讀博士。一九九三年，月治留職停薪與均竹及映全跟我一起前往ＭＳＵ。在美期間，我只再獲得碩士學位而已，無法像吳老師那樣優秀，能在三年內完成博士學位。我深深知道，沒有吳老師的啟發，我不可能會有出國讀書的想法，也就不會有機會讓全家在美國生活與學習三年。特別感恩有這三年，因為那是我們家這輩子最幸福的時光。

吳老師學識淵博，為人熱情慷慨，周邊親友，對於阿發的關懷與照拂，相信都深深

感同身受。月治於二〇〇四年發現罹癌，與病魔奮鬥五年，不幸於二〇〇九年往生。這段期間，阿發給了我們很多的鼓勵與幫助。月治在治療有些起色時，每逢週末，阿發總是開著車，鼓勵月治與我們一起到各處遊覽，吳老師也刻意拍了許多令人懷念的甜美照片，月治一直是非常感謝姊夫這般細心的關懷與照顧。月治走後，吳老師與月嬌姊特別關心我，常常邀我去家裡吃飯，這種關愛在生活的情誼，就是family。是的，We are family！

二〇一五年十月十七日晚間，老吳於睡夢中安詳地辭世。這三年來，均竹、映全與我，常常在面臨一些生涯的關鍵問題時，在抉擇當下，第一時間我都會想到吳老師，要是吳老師能像以前那樣為我們分析並給建議，那該有多好！吳老師在世時，我們是多麼便利地獲得指引啊！這才深刻體會，以前是那麼地受惠良多！我是多麼需要跟老吳說聲謝謝！

老吳走得太突然，相信許多親朋好友都跟我一樣，懊悔再也沒機會當面跟老吳說聲謝謝。譽騰兄提議為吳老師出版紀念輯，收錄吳老師的文稿並邀請親朋好友寫寫感言，我覺得非常有意義。能再有這個機會向阿發說聲謝謝，對我而言，還真是療癒到了！

記憶中的姊夫

林玉樹／吳新發內弟

林玉樹與吳新發在淡江大學畢業典禮合影

其實對姊夫的第一印象是不好的，因為從小大姊就最照顧我這小弟。而得知大姊有男朋友且要論及婚嫁，總感覺有人要分享姊對我的愛，心中不覺有些怨意及些許排斥。但慢慢從姊口中了解姊夫家庭也是貧困農家子弟，以及姊夫的為人處事，才打心裡漸漸接受及認可。而被姊夫真正收買的是烤雞腿，他在讀淡大碩士時，姊搬回家中住，姊夫放假回南投，都會買些東西給我，其中我最盼望的就是烤雞腿。回到南投烤雞腿雖已冷掉，不過那滋味至今仍回味不已，因為二、三十年前物質條件真得很差。

從國中、小時，大姊都會拿一些中英對照的小說給我看，如《簡愛》、《傲慢與偏見》……等，啟發我喜歡看書。到大學及就業後也買了不少書，覺得應該算是有一些書的。後來看到姊夫書房，才發現跟姊夫根本沒得比。

與姊夫相處的日子中，感覺他對己要求嚴謹且好學不倦。教書之餘，仍保持著向上之心，更知道家中經濟狀況，努力考上公費出國留學。對別人、親戚朋友則真心以待，去世至今仍有不少朋友，不時會來看望大姊。這給我很多啟示，因為我有十七、八年都是擔任行政工作，從組長到考上主任一路走來，皆秉持對事認真處理，對學生盡心教導及輔導，與同事及家長做好溝通及協調。我能在教學生涯中得到長官、同事及學生的肯定及支持，其中無不受到姊夫很大的影響。

姊夫雖然您已走了，但在我及親友心中卻永遠存在。因為在閒談時，仍會不時聊到您的一些軼事。最後在此說：姊夫我想您、愛您！

懷念叔叔

吳輝鴻／吳新發姪子

那是一個星期天的午後，手機鈴聲響起……電話那端傳來阿嬸啜泣的聲音，「你阿叔走了」，不是沒有聽清楚，而是不能接受！！又請阿嬸再說一遍！新發叔叔真地走了……。

叔叔雖然長我一輩，但年紀只大我八歲。長大後在家族中，我們思想觀念是最為接近的。但我小時候只知道他很會唸書，不太敢跟他接觸，也很少講話。

我大學聯考重考那一年在台北，叔叔來陪考。中午休息時，帶去了一間西餐廳，那間是有歌手駐唱又可點歌。他點了一首台語老歌：《淡水暮色》，一邊聽著歌一邊跟我說在台北唸研究所的點點滴滴，頓時才驚覺原來叔叔是健談又親切呀！自然而然地我們就聊了起來，讓我忘了聯考的緊張，也讓我重新認識了不一樣的阿發叔叔！

叔叔是我們家族的驕傲，也是我們家族的支柱。除了關心家族中婚喪喜慶，必定與嬸嬸一同出席，禮到人也到。在他規劃退休生活時，一方面惦記姐姐們生活要如何照顧妥當，一方面也規劃編輯族譜，想做好家族的聯繫與記錄。從來沒聽說他要為自己做些什麼，這是那門子的退休啊！我也曾提醒過他不要太勉強太累，他只是笑笑搖搖頭，滿臉的無奈疲累，但又很樂意去承擔！

想對叔叔說：「我們曾經相約，退休後一起去爬山、唱歌，如今你卻走得那麼突然，心中除了不捨，還是不捨，對你的思念與回憶很多，卻又難以文字細數形容！」

每當唱起《淡水暮色》這首歌，您的身影湧上心頭，回憶又走起了跑馬燈！要對您說：「叔叔，我想念您！」

卷四　同學的懷念

樹下憶往

南台科技大學應用英語系講座教授　鍾榮富

那是一九七四年初秋的夜晚，許是班上初次烤肉，高師大校門口的矮樹下，大家穿著大學服，一臉燦爛。烤肉的動作不很靈光，但是聊起來，滿眼都是遠景，冷風中最為爽朗的是吳新發的笑聲。

一九七七年夏，在東勢吳家瓦簷下，聊的是為人師表的嚮往，還是一樣的笑聲，卻多了一份老成。走過八零年代，幾番風雨之後，彼此風霜漸濃，再聚無不杜康痛飲，絕口是非，任西風蕭索。難以忘卻的是他逸興遄飛，侃侃而談的莎士比亞歷史劇作。話鋒中有迷茫，有結構，有發現，有識見，我帶著幾分激賞，許以深深的期待。

二〇一四年夏天，我們兩家人上清境農場，試著追尋當年畢業旅行的足跡。漫天星斗的清風中，揮別不了的還是莎士比亞。他說材料都蒐集了，構思也齊全了，只需要動筆。啊哈，那就動筆吧！我拍桌而笑，自飲了一大觥，彼此以酒互敬，擊掌而約。是夜，山中寂然，蟲鳴唧唧。回首年少英姿，滿腔夢想，而今將置莎翁於筆尖，固所願也！沒想到，鴻文未竟，吾兄已然隔世，空留悠悠嘆息，令人低迴。

兩年後，再訪他的書房，撫摸他翻過的典籍，突然浮起了阿發敘事的神情，總是舒緩有致，音腔跌宕。從書海蒼茫中驀然抬頭，彷彿看到了吳兄睥睨叢書，雍容怡然的樣子。他的作品，正如啟發我們戲劇的Eugene O'Neill，尚未寫出來的遠比付梓的還要多。

風檐展書讀（註）的日子：追憶好友吳新發教授

國立清華大學外語系兼任副教授　紀元文

跟吳新發兄認識、論交垂四十餘載。這些時光涵蓋人生主要的歲月，乃是知識、性格形塑的階段。深究之，包括大學摸索探求知識、海外讀書、就業成家等。我們都出身中部農家，身世背景、求學過程、前途規劃較接近，因此常有話說。午夜夢回，憶及昔日交遊情景，恍如昨日歷歷在目。每憶及昔日風檐展書讀的時光，讀書、尋書、論書的況味——那是少年空泛高蹈，逸興遄飛的心思，對未來懷著無限的憧憬——總有憶舊傷

註　文天祥的《正氣歌》云：「哲人日已遠，典型在夙昔。風檐展書讀，古道照顏色。」全詩歸結於緬懷古聖先賢的模範，在風雨飄搖的陋屋檐下披閱典籍，瞭解古往今來的知識哲理，淬煉砥礪氣節修為。此四句令人迴腸盪氣的偈語明晰地道出，書籍作為文化傳承的載具，累積古今中外人類的智慧，傳承保存，傳播發揚文明／文化的法門，讓人類在構築通天的巴別塔（Tower of Babel）遭上帝懲罰，傾圮隳壞後，建構另一個窮究天人之際的路徑。憶及學生時代跟吳兄在一起讀書、找書，從中得到無窮的樂趣，也成為終生不渝的志業。故以此為標題，以誌知交書緣。

前排左到右：薛漢忠、蕭長松（班導師）、徐文靜、周令儀、張慧美、洪肅芬、洪碧霞
後排左到右：施深淵、何建勳、謝坤成、吳新發、紀元文、倪富春、王正源、林昭賢、蘇淑敏、謝彬彬、林月嬌、王甜妹、林茱瑛、鍾榮富

一九九八年二月十四日，英語系同學合照於高雄師範大學行政大樓前，舊草坪原址，即鍾榮富兄〈樹下憶往〉所云：「那是一九七四年初秋的夜晚，許是班上初次烤肉，高師大門口的矮樹下，…」（本書頁42）。…時距畢業廿一載，彼時同學風華正茂；倏忽已鬢生華髮，更有數人作古，令人不勝欷噓。紀元文謹識，二〇一九年三月三日春寒夜雨。

逝之慨。人生聚散離合，飄萍轉篷，雪泥鴻爪。箇中因緣機遇，豈僅祇偶然？

民國六十二年十月，我們剛從成功嶺集訓結束，到南臺灣的高雄師範學院報到。位於水塔旁、與凱旋國小毗鄰的男生宿舍係英語系、教育系共用。小學琅琅書聲，弦歌不輟，是最好的教育／讀書情境與現場。扛著行李，我按照分配表，按圖索驥找到寢室，是在二樓樓梯右邊、面籃球場第三間的寢室。走進寢室，一位結實精壯的少年郎，穿著吊裌仔（diao-kah-ah，即運動員穿的無袖短衫），胳膊鼓起六頭肌，戴著玳瑁色鏡框的眼鏡，坐在第一個書桌前看書。彼此寒暄，得知他是北港高中畢業，北港比彰化距離高雄近些，所以吳兄比我早到。宿舍的床位、書桌都安排好了，我剛好排在他的旁邊。宿舍晚上十一點熄燈，早上八點升旗，因為為人師表，首重培養循規蹈矩的德行。此後四年，除了寒暑假，可謂朝夕相處：讀書、上課、吃飯、訪書肆、「鬥牛」[1]，須臾不離。一間住六人的宿舍，左右兩排上空各建置三個床鋪，以鐵梯上下，下層是連在一起的書架與書桌。因為這個緣故，我們都可以瀏覽彼此閱讀的書籍、所聽的音樂。吳兄甚喜愛余光中的詩，時常跟我們談到詩人的作品——《白玉苦瓜》、《蓮的聯想》，鄉愁、美國的民歌等。彼時越戰方熾，西方的反戰浪潮迭起，許多有名的反戰歌曲冒現。吳兄時常於晚餐後，搬一張板凳坐在寢室外的陽台，懷中抱著一台三洋錄音

[1] 那個時代，男生喜歡糾集三、五個人，打半場的籃球。吳兄體格壯碩，縱橫球場，頗有威力，除了長人郭港山與出身海軍的郭榮冬之外，其他書生鮮少敢攖其鋒。

機，聽西洋歌曲。〈隨風飄颺〉（"Blowing in the Wind"），〈青青草原上的家園〉（"Green, Green Grass of Home"）等名曲，都是在那時候日日聆聽而耳熟能詳。

大學時期，吳兄、鍾榮富兄與我先後都曾擔任思辯社團職務，舉辦活動，出版刊物。在戒嚴時期，官檢（censorship）是每一位搦筆操觚，表達言論者不能輕忽的。在與行事謹慎的校方交涉、折衝、頡頏某些議題與出版血氣方剛的少作的過程中，我們都早慧地學習、見識、經歷到阿杜塞（Louis Althusser，一九一八－一九八〇）所說的「意識形態國家機器」（Ideological State Apparatuses）對於教育嚴密的監控、箝制與規訓。我想這都跟日後我們走一條跟其他同學迴異的路，或多或少有些關係。畢業後短暫到國中教書後，即就讀研究所。

我們對於域外文學／文化的興趣就如同康拉德（Joseph Conrad，一八五七－一九二四）著名的小說中的主人翁馬羅（Charlie Marlow）對於異國探險的摹繪與想像：「我還是個小孩的時候，強烈喜好地圖。我常花好幾個鐘頭凝視南美洲、非洲、澳洲，沈迷於探險的榮耀裡。彼時地球上有許多空白處，當我在地圖上看到一處特別吸引人的地方（它們看起來都是那樣），我會把手指頭放在上面，說道，『我長大後，要到那個地方』」。[2]後來我們都負笈海外，探尋另一種文化的底蘊。鍾兄秉持其對猶太文學與陀斯妥耶夫思基（Fyodor Dostoyevsky，一八二一－一八八一）的深厚功力，專研語言學，探尋語文根源。吳兄與我則分別研讀戲劇、文學。

大學時期，吳兄即展露領導統御的才華。他當過班長，又喜歡戲劇。教戲劇的老師，曾任職聯合國專員的黃博濤先生（Robert Poole）就挑選吳兄擔任戲劇公演的導演，演出美國劇作家殷吉（William Inge，一九一三－一九七三）的《野宴》（*The Picnic*，一九五三）。在吳兄的擘劃下，同學們各盡所能，演出十分成功。這也是日後吳兄負笈英倫名校（Holloway College, University of London）修讀戲劇博士的契機。值得一提的是，黃老師教學頗嚴格，尤其是大三作文，許多同學視為畏途。但他對我們班上的男生和藹可親，可能是他欣賞吳兄這個高徒，愛屋及烏。黃老師時常開著他的白色福特旅行車（station wagon）帶著我們到林園海邊游泳，頗有「童子六七人，浴乎沂，風乎舞雩，詠而歸」之況味。回程黃老師帶我們去品嚐生猛的海鮮，印象非常深刻。黃老師退休後回

[2] Joseph Conrad. *Heart of Darkness and the Secret Sharer* (1899). New York: Harper, 1960.62.

美國頤養天年，享高壽。八〇年代末鍾兄曾從伊利諾州香檳市（Champaign, Illinois）開車到賓州探望老師，後來也參加老師的告別式。回想昔日師友交遊，此景此情不再，思之愴然！

除了黃老師的慧眼識英雄之外，談到吳兄對戲劇的興趣，不得不提及大二教我們英詩選讀的夏安民教授。彼時夏老師正於美國印地安納大學（Indiana University）撰寫博士論文。他運用道家思想詮釋美國劇作家歐尼爾（Eugene O'Neill，一八八八－一九五三）的作品。歐尼爾的表現主義戲劇（Expressionist Drama）中個性強烈、鮮明的角色，蒙上無為而治，道法自然的神祕色彩，十分獨特、具原創性。我們幫夏教授校對論文，啟發對於戲劇與老莊思想的興趣。

有一段期間，我們到書肆蒐集這些典籍，秉燭夜讀，思想上產生很大的變化。當時高雄的英文書店，只有七賢路上專供來台渡假美軍購買的英文暢銷小說，文學典籍不多，百不得一。我們時常晚飯後搭一六路公車去體育館旁的一家舊書店，或搭〇西公車去一處夜市的舊書攤逛，遛躂到十點多，吃宵夜再回校。舊書攤也沒什麼英文專業書籍，我只記得買了一本收錄美國普立茲獎（Pulitzer Prize）小說家的短篇故事集子，其他的雜書倒買了不少。那時候去臺灣自由主義蜂起的六〇年代尚不遠，舊書攤上《文星雜誌》、《自由中國》、文星叢刊都找得到，我們每次都抱了一大捆書回校。

逛書肆、買書、讀書，然後「秉燭夜讀」，此處的「秉燭夜讀」是真正的點蠟燭讀書，不是隱喻性的修辭。班上的十四位男生分住兩間宿舍（兩位同學住他處，後來才陸續搬回來），男生在文組是少數，又因為朝夕相處，所以彼此相處融洽。晚飯後，同學們下棋、打橋牌，清談人生理想，讀書計畫，不一而足。劍道高手何建勳兄最喜歡找吳兄談哲學問題，我們在一旁聽了都莫哉羊。宿舍十一點鐘熄燈後，大夥兒就到學校旁的凱旋市場的「黑店」吃宵夜（真的是黝黑的違章建築的店，但食物對學生而言物美價廉）。如彌勒佛般的老闆「大箍仔」，腆著肚子，項脖上掛著一條毛巾，笑呵呵地看著我們。十幾個人點了幾盤滷菜、黑白切，喝了兩、三打啤酒，鬧到凌晨一、兩點鐘，才翻牆回宿舍（不是男生宿舍宵禁，而是不願走遠路，直接從女二舍旁的垃圾場翻牆回校較便捷）。這時才想到讀書，就點蠟燭，就著煢煢搖曳的燭光，神遊無何有之鄉。

職是之故，四年下來，男同學的成績，普遍略遜於女同學。一者在那個年代師範學校的女同學較嚴謹守法，都是品學兼優的好學生，也是臺灣社會公認的最佳婚姻對象、賢妻良母的典型。這可從唯一的班對吳兄與林月嬌老師賢伉儷，以及鍾兄與陳彩娥老師（低一年級）賢伉儷得到印證。林老師相夫教子，兒女成材，家庭幸福，令人豔羨。二者，對於語言學習，女同學口齒清晰，有先天的優勢。男同學除了一、二位之外，都是臺灣國語，ㄗ、ㄓ不分。在口操京片子的徐美菊老師的國音課，笑料百出。因此，畢業後按成績分發學校，男同學大部分回鄉落戶或發配邊疆，鮮少在都會區。像鍾兄在屏東女中任教席，算是秀異之士了。我與吳兄隔著一條濁水溪遙遙相望。吳兄相當有情義，騎著他的偉士牌Scooter到寒舍數次。印象最深的一次是，民國六十六年十一月十九日（星期六）五項公職選舉，爆發中壢事件。次日十一月二十日（星期日），吳兄與住在嘉義的施深淵兄騎著摩托車到寒舍。施兄還帶了伴手禮——一隻活跳跳的土雞。我們啖著美味的白斬雞，興奮地談論時局的變化。

民國六十八、六十九年左右，吳兄與我都到台北讀研究所，學院的訓練讓我們的讀書較有方向。吳兄時常跟我提到系上的教授Vernon Hall與William Toupounce，前者在當年草創的書林書店出版《文學批評簡史》（*A Short History of Literary Criticism*），後者是美國有名的文學理論教授，以解構主義（Deconstructionism）觀點研究佛學。我想可能由於良師的薰陶，奠定吳兄堅實的文學理論基礎，所以日後他對於布雷希特（Bertolt Brecht，一八九八－一九五六）的疏離劇場頗有研究，並以此為題撰寫博士論文。當時戒嚴法依舊盤旋在台灣的上空，西方文學理論中的新馬克斯主義（Neo-Marxism）正蓬勃發展，舉凡阿杜塞、魯卡契（Georg Lukács，一八八五－一九七一）、瑪庫色（Herbert Marcus，一八九八－一九七九）等人的理論，在學術界相當熱議。我們熱切地研讀這些書籍，並討論，有著雪夜讀禁書的興奮。我們時常到羅斯福路臺電大樓旁的一爿小店吃點豆干、海帶、豬耳朵，喝啤酒，彷彿又回到昔日尋書、讀書的日子。

值得一提的是，此時我們有一位共同的老師——顏元叔教授，顏教授是臺灣英美文學與比較文學的推動者，其努力與貢獻在外文學界頗受推崇。他引介新批評理論（New Criticism），強化外文系課程，教材與美國英文系同步。大學時代，我們最喜歡閱讀顏老師在副刊的雜文、學術論著與翻譯。彼時是報紙副刊的黃金時代，我們寢室四年皆訂閱報紙，每日搶讀名家宏儒讜論。我們就讀研究所時，顏老師同時在兩校任教。有幸親炙名師教誨，我們都十分珍惜此機緣。吳兄常搭公路局到台電大樓站，或是我搭臺鐵火車到美麗的淡海小鎮，交換讀書心得，找尋資料等。顏老師名符其實是嚴師，上課閱讀資料頗夥，還要參與討論，嚴格的訓練讓我們拓展眼界，日後在外國的課堂上能夠適應、存活。顏老師對學生十分關心與照顧。吳兄屢跟我談及對顏老師的懷念與感恩。顏老師的公子顏學誠博士曾任教臺灣大學人類學系，吳兄的公子吳牧錞博士克紹箕裘，現今亦於系上任教。風生水起，兩代機緣，人生際遇有不可蠡測的偶然與神祕性。

有一天，吳兄還為我帶來一部厚達千頁的影印《資本論》（*Capital*，一八六七），這可說是如獲至寶。如今這部書還擺在書架上，有時候遇到相關段落需要查詢，我都會翻閱摩挲之，睹物思故人，豈能無感？吳兄留英期間，親訪馬克斯主義文學批評家伊格頓（Terry Eagleton，一九四三－），並以優美雅贍的文筆迻譯其名著《文學理論導讀》（*Literary Theory: An Introduction*，一九八三），將深奧的理論化為明晰曉暢的文字，嘉惠無數學子。吳兄留下的論文、學術著作、譯作等成果，見證其追求知識的熱忱與堅持。這是他留給我們的資產，而我有幸參與其中的若干階段，是我的榜樣，也是我的榮幸。誠如彌爾頓（John Milton，一六〇八－一六七四）於《失樂園》（*Paradise Lost*，一六六七）中摹繪夏娃對知識之讚嘆：

哦，神聖、聰明、賦予智慧的大樹，
知識之母呀！如今我感到你的
力量，我心頭很亮鐙，不但能識別
事物的起因，還能追溯出最高
諸動因的途徑，不論看來有多神。③

吳兄有一方藏書印，銘鐫曰「雲林無心花」，灑脫的心性，不落言詮，不沾塵埃。最後一次與吳兄見面，是在廖慧慈老師女兒歸寧的婚宴上。會後大家到台中美術館旁一家咖啡店敘舊。我跟吳兄提到，佛教對臺灣人的信仰影響甚大，其經典之迻譯，彼時雖是庶民日常口語，時至今日已成詰屈聱牙之古文，信眾口誦「揭諦！揭諦！波羅揭

③ 彌爾頓著，金發燊譯，《失樂園》。桂林：廣西師範大學出版社，2004。下冊，頁407。原詩"O Sacred, Wise and Wisdom-given Plant, / Mother of Science, Now I feel thy Power / Within me clear, not only to discern / Things in their Causes, but to trace the ways / Of highest Agents, deem'd however wise." In John Milton, *Paradise Lost*, in *Complete Poems and Major Prose*. Ed. Merritt Y. Hughes. Indianapolis: Odyssey Press, 1957. BK. IX, 678-683: 394.

諦」④，可否理解其義？當時我曾將研讀《心經》的經驗，遂譯成中文、臺語對照的版本，拿與吳兄磋商。十六世紀宗教改革家馬丁路德（Martin Luther，一四八三－一五四六）的例子可資借鏡。其時拉丁文是歐洲上層知識／文化的語言，庶民不與焉。馬丁路德毅然以日耳曼方言翻譯聖經，讓庶民直接以母語理解上帝的旨意／信息，不需假手他人。尤有甚者，西洋人每隔一、二十年都會重譯聖經，以貼近時代語言。

俱往矣！人生在世，宛若百草一春，生命榮枯，享壽夭考，固無定數，如同花開花落之自然天成，循環運作，無時或已。然而身為血肉之軀，能無所感？畢竟吾輩尚羈縻於塵事與俗務。生命之無常，「如夢幻泡影，如露亦如電」《金剛經》。吳兄的遠颺帶走幾多親朋好友、同事、學生的不捨與哀思。即使「青草的絢麗，花朵的燦爛」⑤不

---

④「揭諦」有二義：彼岸或解脫。因此可翻譯為：「去吧！去吧！去到彼岸。」或「解脫！解脫！得著解脫。」

⑤十九世紀英國浪漫詩人華滋華斯（William Wordsworth, 1770-1850）在〈憶童年感悟不朽賦〉中說：「雖然無法找回那時光／青草的絢麗，花朵的燦爛，／吾輩不憂傷，仍要尋覓／遺澤背後的力量，／在初始的相通／曾經存在的應當長存，／予人慰藉的思想迸發／於人類的磨難蹇促，／參透死亡的信念／歲月帶來豁然達觀的心境。」（"Though nothing can bring back the hour / Of splendour in the grass, of glory in the flower, / We will grieve not, rather find / Strength in what remains behind, / In the primal

再，榮華富貴宛如過眼雲煙，惟有知識的力量長存，就像燃燒的荊棘所象徵的「焚而不燬」[6]的精神，其光輝彷彿美麗的花朵照亮華廈與陋巷，為人間帶來歡樂、希望與遠景。準此以觀，吳兄仍活在我們當中。

吳兄的告別式當天，我因為另有事情，不得分身，乃於前一個禮拜，與吳兄雲林同鄉、中興大學／亞洲大學同事、也是我在北國雪鄉讀書時的同學王俊三教授，前往中興新村告別老同學。跟林老師、吳兄的公子、女兒、女婿、媳婦表達致唁之意。斯時牧錞是牛津大學博士候選人，敏瑄平安產下吳兄的金孫，勵君及夫婿都有很好的工作，吳兄可放心了。吳兄的一生是豐盛、圓滿的。臨別看著吳兄英姿勃發的相片，彷彿昔日談學論道的神韻。離開時，走在中興新村中學西路上，我想起李季蘭的詩：「桂樹不能留野

---

sympathy / Which having been must ever be, / In the soothing thoughts that spring / Out of human suffering, / In the faith that looks through death, / In years that bring the philosophic mind.") In William Wordsworth, "Ode: Intimations of Immortality from Recollections of Early Childhood." *The Norton Anthology of English Literature*. Ed. M. H. Abrams. New York: Norton, 1968. Rev. ed. Volume 2. Stanza X, 179-188: 153-54.

⑥ 燃燒的荊棘作為「焚而不燬」的信仰象徵，乃取喻於摩西受召喚在火與煙霧瀰漫的何烈山顛，震懾於燃燒的荊棘：「荊棘被火燒著，卻沒有燒燬」（出埃及記，3:2）。

客，沙鷗出浦漫相逢」。⑦回首頻望那個巷口、那扉紅色的門，是吳兄大半輩子出入的地方，此去幽明異路，天人永隔，世道髣如煙波迷濛的彼岸⑧，漫無涯際，不禁潸然淚下。

⑦ 李冶〈恩命追入留別廣陵故人〉：「無才多病分龍鍾，不料虛名達九重。仰媿彈冠上華髮，多慚拂鏡理衰容。馳心北闕隨芳草，極目南山望舊峰。桂樹不能留野客，沙鷗出浦漫相逢。」李冶（713-784）字季蘭，烏程（今浙江湖州吳興）人，是唐朝的女冠詩人、女道士。與薛濤、魚玄機、劉采春並列唐代四大女詩人。

⑧ 參見美國「垮掉的一代」（the Beat Generation）詩人金斯堡（Allen Ginsberg, 1926-1973）詠歎美國自由詩先鋒惠特曼（Walt Whitman, 1819-1892）的詩篇〈加州超級市場〉：「啊，…灰鬍子，孤煢孑遺的老元氣師，你曾擁有的美國／會是什麼樣子，當卡農停止撐篙擺渡，你登上／煙霧迷濛的河岸，佇立觀看渡船消失於忘川黑水之上？」原詩："Ah, … graybeard, lonely old courage-teacher, / what America did you have when Charon quit poling his ferry and / you got out on a smoking bank and stood watching the boat / disappear on the black waters of Lethe?" 卡農（Charon）是希臘神話中在冥府（Styx）的忘川擺渡之船夫，死者的靈魂經此河被渡到冥府。1968年詩人曾於柏克萊的詩歌朗誦會表示，本詩作於其就讀柏克萊加州大學（University of California, Berkeley）時，夜晚漫步於街頭有感而作。本詩來源Allen Ginsberg, *Collected Poems 1947-1980* (Harper & Row, 1984). Rpt. in Allen Ginsberg, "A Supermarket in California." *Perrine's Sound & Sense: An Introduction to Poetry*. 12th ed. Ed. Thomas R. Arp and Greg Johnson. Boston: Thomson Wadsworth, 2008. 367-68.

卷五　同事朋友的懷念

紀念阿發

中興大學外文系退休教授　曾宣毅

吳新發博士——不——我還是習慣叫他阿發仔——是我在興大外文系最要好的同事。我比阿發痴長八歲，我們在學校卻非常投緣。加上內人與阿嬌一樣，都是高中英文老師，兩家來往密切。尤其是最近十幾年來共同出遊頻繁。有時和一群系內同事，有時只有我們夫婦四個，闖蕩溪頭、杉林溪、清境農場、合歡山、南橫、北橫，不亦樂乎。所以兩年前，阿發以完全不麻煩親友的方式，瀟灑地不告而別時，內人聽到消息時當

前排左至右：高鴻展、周淑娟、李鳳娥、蔡奉杉、洪敏秀
後排左至右：吳新發、林月嬌、陳麗珍、王俊三、曾宣毅

場淚崩。兩年了，我們夫婦迄今無法完全recover from this heavy loss，我們的生命留下永遠無法彌補的缺憾。「音容宛在」不是cliche，對我和內人而言，這兩年感覺阿發彷彿沒有離開過我們。

阿發對興大外文系的貢獻卓著。他的戲劇選讀、莎士比亞、及現代戲劇這幾門課，永遠是學生選修的大熱門。外文系學生年度大事——外文劇展——更仰賴吳老師熱心而有趣的指導。他卓越的行政能力，得到當年教務長賞識，禮聘他為教務長祕書，倚為左右手。這樣的能力當然也「躲」不過外文系系主任的重擔。阿發擔任外文系主任期間，同事相處融洽，氣氛友善，這都要歸功於他慷慨大度（或大肚）、凡事考慮細心又周全的個性。也就在阿發系主任任內，全民英檢開辦，阿發接受委託主持中部地區的試務。全民英檢開其端，之後多益、托福等都由興大主辦，間接促使興大外文系成為中部地區英語教學重鎮，阿發功不可沒。

行政工作多少耽擱了學術研究，幸好他在留英時期，擠出時間翻譯Terry Eagleton的Literary Theory: An Introduction的中文翻譯《文學理論導讀》。這本書在八〇及九〇年代文學理論大爆發時期，最能夠把各家理論說清楚講明白。阿發並非專研文學理論的學者，書林出版社的蘇正隆先生慧眼識英雄，將翻譯的重責大任交付給他。阿發沒有辜負書林的委託，這本書一出版，當年外文研究所學生幾乎人手一冊。對於不諳英文，但想一窺西方現代文學理論堂奧的，這本書更是不可或缺。

回顧阿發的一生，讓我想起林肯的名言：And in the end, it's not the years in your life that count. It's the life in your years. ——生命，不在乎享受多少年，只在乎真正活過多少年。阿發的六十一年，比很多人的八十年九十年做得更多更有意義。他是少數能夠 live life to the full 的人。原本期待阿發由亞洲大學二度退休後，時間充裕，我們兩家可以共享悠閒的退休生活，無奈天不從人願。退休這幾年，我個人值得回味的事情不多，而很多都

吳新發、曾宣毅、周淑娟（後）、李鳳娥、周幸君、林月嬌

跟阿發有關。同樣是鐵板麵，阿發帶大夥去「星月天空」吃的鐵板麵就令人回味無窮。他是最澈底實現「好東西要與朋友分享」的人。人生的道路有各式各樣的風景和人物。我很感恩碰到阿發仔，豐富了我人生道路的風景。

福報因緣

亞洲大學人文社會學院院長　簡政珍

吳新發已經走了一段時日了。經常想到他在亞大外文系時，開會時款款而談，聲音不急不徐的表情。他的聲音與語調透露出他對事情的公正不阿，在穩當的節奏中，呈現出他對事情客觀深入的看法，非常有說服力。有說服力，是因為全然沒有私心。言語的尾音，總是引發周遭微笑的認同。開會中，他立意明確而詼諧，在空氣中穿梭迴盪。他經常是一件事情的結構，但又讓語言自在飄移。

如此回憶，馬上聯想到當年他討論我的詩集《失樂園》的論文〈定點浮動的期盼——試析簡政珍的《失樂園》〉。他掌握了詩集中文字專注的焦點（定點），以及這個焦點的浮動。他說：「文字則既非透明，亦無絕對定性。」他體認到詩以失樂園（失去花園）開始，但潛藏其中的是「並沒有／失樂園」。論述精準而深邃，是討論《失樂園》目前最好的一篇論文。

如此回憶，又馬上回到他開系務會議的現場，想到言語與文字都是來自同一個身影。其實，坦白說，吳新發的離去，我對他的羨慕可能超過對他的惋惜。我間接得知，他是運動之後，在院子裡休息，在休息（也許睡眠）中走了。家裡沒有人，因此沒有送醫急救，神識完全不受干擾。最神妙的是，離家約一百公尺的「法鼓山」服務處的助念團，剛好在別處助念後回來，接著，他們過來為他助念。因此，我們確信他現在已經在西方極樂世界。和吳新發相交三十多年，並不清楚他是否學佛發願往生西方，但他的神識卻在阿彌陀佛的聖號中瞬間到達我們衷心期盼的聖境。這是令人夢寐以求的因緣。只有福報滿滿的人，才有這樣的因緣。

吳新發與王俊三、陳建民都是我當亞洲大學人文社會學院院長時，聘請來的。我們一度在中興大學外文系共事很多年。他們三人都是我心目中當時中興大學外文系最好的老師。如今，他在西方淨土，陳建民與王俊三也從亞洲大學退休了。當年我一個人來亞大，現在又是孤單一個人了。

拈花微笑：發哥兩三事

大葉大學外文系副教授　鄭冠榮

一九八五年秋陽如酒的時候我回到中興大學任職，台北燈紅酒綠的煩噁感卻還沒褪去！漸漸的我的腦子在步行於住所和校園之間時變得清醒。外文系彼時新進的老師有余玉照，簡政珍和吳新發。助教每天的工作不多，我負責系書籍整理，海報張貼，演講者麥克風的聲量調整，看看老師研究室的設備狀況，有時佇立門邊傾聽鉸鏈是否發出咯吱聲，我便拎著油罐往裡注進一兩滴，煩躁感已消失，但全沒方向感。

吳老師和其他老師偶而走進辦公室，通常他一臉笑容，翻翻放置在會議桌子上的牛津大字典，接著習慣性會紓口氣，窗外的尤加利樹隨風舞動。他會走到我桌邊，「冠榮，怎樣啊？」我內在深處南部的台語腔調一絲絲地與他的問候產生了共鳴。曾宣毅老師接主任後，發哥出現在辦公室的頻率更高，因為胸腔厚實，聲音共鳴後更顯得具磁性！「一起吃飯吧！」外文系的一行老師一到中午便群聚，不是步行，就是分兩三部車子，往學校方圓兩、三公里內的餐廳一起吃飯！這群「無為共同體」一聚經年，中文和歷史系都知道外文系老師感情甚篤！後來學生們也知道外文系的老師共餐的事情，進而在聆聽讀書經驗，教書與針砭時事上都讓他們對西洋文學有不同的認知體會，他們聽到了血液在體內奔騰的聲音！發哥磁性的聲音很快就化為繞樑不去的歌聲，同仁才發覺發哥在粗獷外表下有顆細膩敏感的心思，我稱他是典型的鐵漢柔情！

由左而右：王銘鋒、吳新發、曾宣毅、鄭冠榮

吳新發（中）與鄭冠榮（左）遊澎湖

二〇一五涼爽的秋天，發哥從住家附近虎山步行回來，脖子上掛了條毛巾，滿身大汗，還未擦乾便看到我跟小虎正站在門口，「哎呀，歹勢！歹勢！」小虎笑著，「巧克力阿伯，我跟我爸騎車出來兜風，就晃到您這裡來了！」小虎想要出國唸書，想想出去之前一定要來看看他的巧克力阿伯，便跟我說，「爸，好久沒去中興新村了！」

幾天後，同樣的涼秋，陽光耀眼，發哥卻睡了過去！小虎紅了眼眶，隨即關上門在他的房間啜泣，「爸，我覺得我快樂的童年忽然崩裂了！」我第一次看到兒子的傷心，也察覺到我自己當父親的不足，有一些父執的慈愛是發哥給了小虎！我不斷地想起發哥在我人生困頓時的問候，那絲絲的聲音雖化為廣陵散，但記憶中的鐵漢柔情是四季常青的尤加利！

百感交集憶老友

中興高中退休教師 **楊玉龍**

電話那頭「老楊，你們在哪裡……敏瑄生了！」分享小孫子吳祁出生充滿喜悅的聲音，猶清晰地在耳際縈繞。三不五時腦海中就會浮現出這個老友，但要動筆去記述卻不禁令人百感交集。

民國七十二年時與老吳只是點頭之交。到他任職中興大學教務處祕書時，才逐漸熟稔；由於阿嬌與我同事，內人慧聰當時也任職中興大學，孩子們年齡彼此相若，之後便經常往來，成為無所不談的好朋友。

陳慧聰、楊玉龍

每年他都要為自家及岳家書寫春聯，近幾年學習油畫，喜歡弄弄花草盆栽，歌唱時優美渾厚的聲音，就連公賣局的酒甕在他的巧手布置下，也顯得分外不同。見過聽過的人都驚艷於他對藝術天賦般的涵養。

他也喜歡攝影，記得二十多年前一同購買的掃描機，他連續花了幾年時間，將以往數以萬計的照片資料全部數位化，而且依照時間特性分門別類。每次與朋友同遊回來，總在最短時間內，在電腦上將拍攝的照片重新整理、剪裁、調整角度、歸類建檔。每個在照片中出現的朋友，都有專屬資料夾。曾經多次透過電視大螢幕，一起觀賞他拍攝的相片，聽他述說著孩子們成長歷程自身的故事，述說著相片中出現的朋友的故事，述說著朋友的優點、趣聞及滿滿的歡樂記憶。

他搜集了各種版本莎士比亞劇本的電影，並自豪地說可能為當今臺灣最為完整的收藏，並為它們搭配呈現在銀幕上最合適的字幕。他也在進行莎士比亞劇本的翻譯與註釋，審慎地編排考證，這些只可惜可能都無緣見到了。每次大學聯考後，他都會仔細分析考題，對於聯招會有疑義的解答，總能引經據典在報刊上發表。這種追求真理，關心教育的心也讓人由衷敬佩！

曾多次陪同拜訪老吳老家的親友，在同輩親堂兄弟姊妹中他是排行老么。卻看得出他對家族有強烈使命感，總儘可能地去照顧四個姊姊，支持整個家族，並不時鼓勵及提攜後輩；他也是長婿，十分孝順岳父母，如親弟妹般照拂妻弟妹，整個家族及妻族都以他為榮。

對朋友，他是真誠熱情且慷慨大方。有好吃、好玩、有特色的、美麗的風景等，總急切地帶著好朋友分享。他不僅是直諒多聞的好友，更是個具備溫良恭儉讓的謙謙君子。

內人總說上天缺了一個管理人才，接走了我們的好友。為此，我怨天！……懷念你！

緬懷吳新發教授

書林出版公司董事長
台灣翻譯學學會前理事長、師大翻譯研究所兼任副教授
蘇正隆

書林成立於一九七七年，到了一九八〇年代，西方各種文學理論風起雲湧，許多擅長理論的傑出學者如高友工、袁鶴祥、Robert Magliola、王建元、蔡源煌、張漢良等都在台講學，台灣也出現一批求知若渴的學子，任何翻印的文學理論書籍，無論結構主義、解構理論、現象學、詮釋學、接受理論、女性主義、心理分析與符號學批評、新歷史主義，他們都必欲一睹而後快，堪稱台灣外文系的黃金時期，吳新發就是其中一分子。

當時台灣尚未加入國際著作權公約，任何尚未在內政部註冊的外文書籍，都可以合法翻印，因此西方各種文學理論書籍，台灣都有翻印本，也相對便宜。特別是書林成立後，打破少數壟斷的局面，翻印的西書更加買得起。那時外文研究所沒有幾所，大多在台北，這些學文學的研究生都是書林的常客，經常到書林報到。

Terry Eagleton的Literary Theory出版後不久，在美國大學裡極為風行，不止學文學的必讀，連戲劇、舞蹈系也指定要閱讀，所以書林也有翻印。一九八五年台灣著作權法修改之後，書林就改為進口。一九八九年左右，台灣出現未經授權的《文學理論導讀》中譯本，印製簡陋，舛誤頗多，令人不忍卒睹。所以我就向Blackwell出版社申請翻譯授權，一九九〇取得授權後，想到曾在《中外文學》上看到新發兄的翻譯，譯筆極為流暢自然，覺得應該是最佳人選，剛好他暑假返國探親，就委以重任。

隔年暑假我去英國，順道去看他，他請我到家裡作客，也邀了幾位中國留學生一起包水餃、做土豆絲，讓我見識到馬鈴薯刨絲，加鹽揉搓，可以變成口感完全不同，爽爽脆脆的土豆絲。他也提到跟Terry Eagleton見面的經過，除了請作者修訂書目、撰寫台灣版序言外，還說雖然美國知識界對Eagleton那麼看重，但在英國就不一樣了，所以Eagleton打算去美國發展。

一九九二年新發兄終於完成《文學理論導讀》的翻譯，一九九三年書林正式出版。今天能有一本讓讀者對西方各派文學理論有基本認識，讀來清晰易懂的中譯本，我們要對吳新發博士致上最高的敬意。

卷六　學生的懷念

不散

中興大學外文系副教授　林建光

印象中的吳老師有兩種不同面貌，一個豪邁好客，另一個孤寂灑脫，這兩張照片剛好反應了這兩種面貌。我在大三時修了吳老師的戲劇課，向吳老師請教了一些關於文學、戲劇等問題，但我對吳老師的了解不是從書桌，而是從牌桌上。好多年後我有幸回來中興任教，開始有機會在位於中興新村的吳老師家近距離接觸恩師。

吳老師在家中穿得很接地氣。我記得，怕熱的吳老師，總是穿著一條短褲，一件純棉背心。而牌桌旁堆積如山的零食，則反映了鐵漢外表下的細膩之心。不管你是誰，只要踏進吳哥家，都可以感染到一股濃濃的無差別式好客，一種暖暖的、回到家的那種感動。搭配吳老師壯碩的身軀，更讓賓至如歸之外增添了幾分安全感。記得吳老師退休那一年，系上為吳老師舉辦歡送餐會，系上幾位年輕一輩的老師笑著爭先恐後，要摸到吳老師那獨特、頗具療癒功效的圓肚，笑容背後其實是我們對即將退休的吳老師的百般不

左起：林建光、王俊三、鄭冠榮、宋維科、曾宣毅、吳新發、董崇選、蔡奉杉、黃國祥

捨。吳老師不只是老師、同事，他也是大哥、慈父。

但大哥總是孤寂的，吳老師也不例外，只是文人的涵養修為讓他的孤寂不失灑脫的美，連離開的時候都如此：沒有眼淚，沒有客套儀式、完全不灑狗血。在我們都還來不及回應時，吳老師已經漂到另一個世界，這就是千山我獨行不必相送的吳老師。生前他就喜歡山林，完全回歸山林土地後，我想山林應該會因為有他而更顯秀麗吧！

我的父親於一九九五年過世，病逝前幾天，有一次我們家三個小

孩看著因病受苦的父親淚流滿面，平常沉默嚴肅的父親只是淡淡地說：「天下沒有不散的筵席」。當時父親是用台語講這句話，從此以後，它便成為我生命中最深刻的座右銘。的確，如果可以選擇，誰願意先享受宴席的歡樂，然後再承受曲終人散的孤寂呢？但話說回來，少了宴席的歡樂和散席的孤寂，生命還會是生命嗎？

記發哥……老吳老師

中興大學外文系學生　李紹毓

一九八八的夏天
吳老師英文作文（二）的座下生
十點的課伴著文院的蟬聲
奇特題目及神批評中度過
主題大多是某作品的斷簡殘篇
老吳要我們接著發展
花花世界和文學的苦澀
年輕的我們當然知道哪裡方便性高
稀哩呼魯的敷衍也輕易地殺掉兩節課
次當然是接踵的神批評

既然已經化為神曲
聽不懂也認為理所當然不沾不染

期中考那週
老吳遲了一節課
省道的秋天摩托車往返兩個中與
要點時間
那天吳性大發
說騎摩托車的時間
想著我們鬼話連篇文法翻天的作文
越想越氣
想著等等要用啥話來灌頂我們
說時遲那時快
摩托車居然拋錨烏溪橋上

朔風野大內心澎湃機車拋錨教課遲到
全搞在一起烏煙瘴氣
回神搞定回到教室
笨學生們還在教室等
頗感欣慰
結語吾等乃靈氣不足非惡意愚昧也

大三的戲劇課不是表演與心理分析課
然老吳闊談人物的內心世界
十幾頁的劇本三兩個角色
他口中的糾葛與情結躍然黑板
講台真是他的醉心投入的舞台
聽完大呼過癮如同年輕宿醉
痛快當時難以上心了然

十八歲到四十八歲的三十年
老吳是大學時期的老師
先生的同事
霧峰某大的同事
孩子的阿貝
說是一個老派台灣男人的情感演繹
講的感情少無言支持多
乍看粗獷於人細膩
五湖四海交陪瀟灑坦然自去

十八歲的神作文題目
預告了人生奇特題目與神旅程
二十歲的戲劇導讀

提點了字裡行間下的澎湃洶湧
謝謝老吳陪伴三十年

說好的再會

聖戈班先進材料（股）公司
研磨材料事業部客服經理　呂麗圓

離校的同時就代表著要和許多人告別，與熟悉的或不熟悉的同學和師長，通常自然而然地，很有默契地，斷了聯繫。

吳新發老師是個獨特的例外。

吳老師令人尊敬，相當受學生愛戴。在看似嚴肅的外表下，卻有顆頑童般的赤子之心。和老師屈指可數的通話次數，每每都被老師搶先叫出名字，不禁一股暖意上心頭。老師真是個慈愛的師長。

一直很感恩老師在從中興大學退休的當時，仍願意擔任我的碩士論文指導教授。即使生活忙碌，老師仍願意騰出時間指導我、關心我。在我焦慮迷茫的日子，給予時間讓我調適自己。老師從沒因為我在學業上選擇不一樣的道路，而對我感到失望。很慶幸自

左起：呂麗圓、吳新發
林月嬌、王莉萍

己能遇見這麼親切善良的老師，因此心底對老師總懷著一日為師終身為父的執念。

近幾年，對老師的掛念不減反增。像女兒回娘家似地，年年總要拉著同學莉萍一起去探望老師。老師和師母對我們的來訪，一年比一年熱情。從初期吃一頓午飯，到後來欲罷不能的飯後小景點，乃至邀約半日遊。每到景點，老師就會熱情地幫我們拍照。感謝老師，為我們為數不多的相處時光留下了珍貴的記憶。每次離去前，像是交換禮物似地，師母總將事先備好的一大袋伴手禮塞在我們手中。我們似乎成了名副其實的女兒賊，收到的總比給出去的多得多。

時常想起老師，在老師離世的這些日子。記得曾經說好要一起去合歡山，我和莉萍先去

呂麗圓與吳新發攝於南投魚池鄉烏布雨林餐廳

探了路，卻被老師喊說：「偷跑！」；也記得，最後一次出遊，莉萍幫老師拍照時，老師聽從攝影師的配合模樣。不會忘記，我們互傳照片分享時，彼此的約定：「後會有期」。

老師，等您呦！

王莉萍與吳新發

只好相約，無論多少年之後……

台北海洋科技大學兼任講師　王莉萍

我一九九八年認識老師，那是我上大學的第一年。聽說那年夜間部的這門課找不到老師，所以老師只好自己上了。「只好」意味萬般無奈、帶著勉強，不知道這有沒有說中老師的心情，但我知道，老師可能會用這樣的口氣來忽悠我們。老師的聲音表情特豐富，若真的這麼說的話，定然會八方不動、只抬眼眉、不慍不火、帶點文人的自嘲。我是從聲音開始認識老師的，老師講課、我們盯著文本一字一字地品，無暇抬頭。那是魔法師的聲音，用不可一世的浮誇、跌宕起伏的韻律，然後緩緩地、穩穩地讓我們一個接著一個掉進兔子洞。我就這樣恍恍之間聽了老師六、七年的課，那時候真是幸福啊！

後來每次和師母說到老師在課堂上的魅力，師母總露出羨慕……應該還有點驕傲的眼神看看老師，然後再嘆自己無緣親見。

我是真的很幸福。畢業之後，就喜歡和同學相約去騷擾老師，剛開始約在外面吃午餐，後來師母加入，吃完飯會一塊兒到處逛逛。老師喜歡攝影，到了定點我們會慢慢散開，一會兒再默契地集合、比照成果，我會大剌剌地說東指西，老師會很紳士地微笑以對。老師好像走路的時候，還喜歡和師母手拉手，碰到斜坡也會自然地扶師母一把，夕陽餘暉，不知道為什麼我會覺得很感動。不是時時刻刻、是日常瞬間的無比溫暖，「執子之手」大概就是這個感覺吧！

記得有一次和同學在老師家胡扯了整個下午，師母默默去買晚餐、吃完了我們賴著不走，還很可恥地坐在電視機前面看起了籃球比賽。就是這樣，老師常常讓我有個錯覺，以為我們是家人。

最後一次和老師分別時，約好了下次到遠一點的地方。一個禮拜之後，師母打電話來說老師走了。我的心裡堵著。我不擅長說離別、更不擅長寫離別文，所以只能相約，帶著萬般無奈、還有勉強，只好相約。

無論多少年之後……。

卷七　雲林縣北港高中時期作品

一、演講比賽（一九七一年六月北高青年第七十期）（高一下學期）

演講比賽

無心花

眞不知是榮幸抑或是不幸，咱竟然給選爲參加演講比賽的代表了。其實，與其說是選代表，不如稱做「抓公差」來得恰當。眞是的，咱平日既不善於講話，自然無復有口若懸河，滔滔不絕雄辯之才，不知那點給人瞧上了眼？就一定非把我講出來不可。我也曾再三提出異議，然而大家說是盛情，不如說存心整我，似乎有意要咱出洋相，終歸孤掌難鳴，大勢已去，此人選也就非我莫屬了。爲了表現咱尙有一點替同學「代勞」，爲班上「効力」的熱心，只好自認倒霉，硬着頭皮，接下此一「神聖」的棒子。

隨即，學藝股長遞來一張條子，通知本「代表」號次爲二十二，講題「本班班旗命名的意義」。哀哉！這題目「作文大全」上似乎尙未列入，咱將如何「下手」？看看門外的牌子，清清楚楚：「吳稚暉班」。吳稚暉？可不就是初中教科書上那位吳敬恆先生？憑着這一點蛛絲馬跡，回得家來，舊書重翻，還借來兩冊國中課本，費了老半天的功夫，找遍了作者欄，「摘菁取華」，七拼八湊地，好不容易，一篇「演講稿」大功告成！儘管辭不達意，三言兩句了之，但心底暗自揣度着：只要能够三句一小頓，五句一大停，大概足以拖個幾分鐘了吧！

兩天後，又來了一張通知，載明演講的時間、地點。然而，最引咱注目，也最提心吊膽的是：觀摩者下註明爲一年級全體學生。嗚呼哀哉！這簡直是要咱的命！殊不知咱雖不是膽小如鼠，然而平日見着女孩子也要臉紅三分，如何敢在大庭廣衆之前亮相，出個三五分鐘的醜？一旦講辭「暫時」忘了，兩眼盯着天花板，結結巴巴，半天吐不出一句話來時，那尷尬的場面，咱將如何是好？是嚇得倒退三丈，抱頭鼠竄；抑或兩腿一攤，跪地求饒：心裏似乎在拉警報，使咱不敢再往下去想了。所謂在劫在數難逃，咱即使是大難不死，亦愁無顏再見江東父老矣！

此後數日，食不知味，寢不成眠！戰戰兢兢，上課時六神無主，終食之間不得安寧，手

這可能是新發兄最早發表的文章，以無心花為筆名。他被班上選為代表參加學校演講比賽，描述準備講稿和上台時的忐忑心情，絲絲入扣。

—55—

演講比賽

※無心花

興更是作「週期」性的震動。耳邊偶而拋來一句「嘿！機會難得哟，多為班上爭點光榮呀！」「阿花！看你的嘍，哈哈哈！」更會令人周身起了疙瘩，顫抖不已。啊！老兄，那精神上的緊張，絕不是你們這些「局外人」所能夠感受得出來的，要不相信，咱不妨請你出山。

時間終於到了。依仁堂內人頭簇擠，黑鴉鴉的一片，可謂盛況空前。咱坐在臺上，心亂如麻，有如待決的死囚。不爭氣的兩支腳又在按着音樂的拍子，手心不住地滲出汗水，把一張稿紙給浸得濕漉漉的，字跡模糊，口中唸唸有辭，一面祈禱着「媽祖」，一面背着半生不熟的講稿。一號……二號……場內除了那個代表朗朗的聲調之外，有如一座死城，靜悄悄的，寂然無聲，心臟蹦蹦地跳動，清晰可聞！……十一、十二……隨着演講者的退下來，補上去，心跳也急速地加快，血液衝得兩邊太陽穴鼓起了老高！頭腦昏昏沈沈的……再來是十九……二十……當二十一號回到座位的時候，我緩緩地站了起來，醜媳婦終要見公婆，此時此地，再也不能裝聾作啞了。當咱亮相時，臺下響起了一片掌聲，又停了下來。空氣頓時之間凝結了，令人感到幾乎要窒息！打個咳嗽，清一下喉嚨……「各位老師、各位同學」一鞠躬，剛和那千百道眼光一接觸，又打了個顫抖，不寒而慄！嚥了一口口水，再度拉開破鑼嗓子，提高聲調，向背流水帳似地，滔滔不絕，有如數來寶，兩腿似乎又在抖動了，擡起頭來，兩眼平視，然而却視而不見，有聽無聞！茫茫然不知所云……

好不容易！捱了幾分鐘，總算給「背」完了，最後一聲「完了！謝謝各位！」躬身而退。只聽得掌聲再度響起—一半形式、一半諷刺。回到座位，腳底飄飄然，腦海茫茫然。不意往額上一抹，曾何幾時？豆大的汗珠，早已佈滿了面頰！

直到散場，心情仍然時起時伏，久久不能自己。至今道來，餘悸猶存！但望日後再有比賽，切勿存心整我，「欣賞」我出洋相。

二、一和追述（一九七一年十二月北高青年第七十一期）（高二上學期）

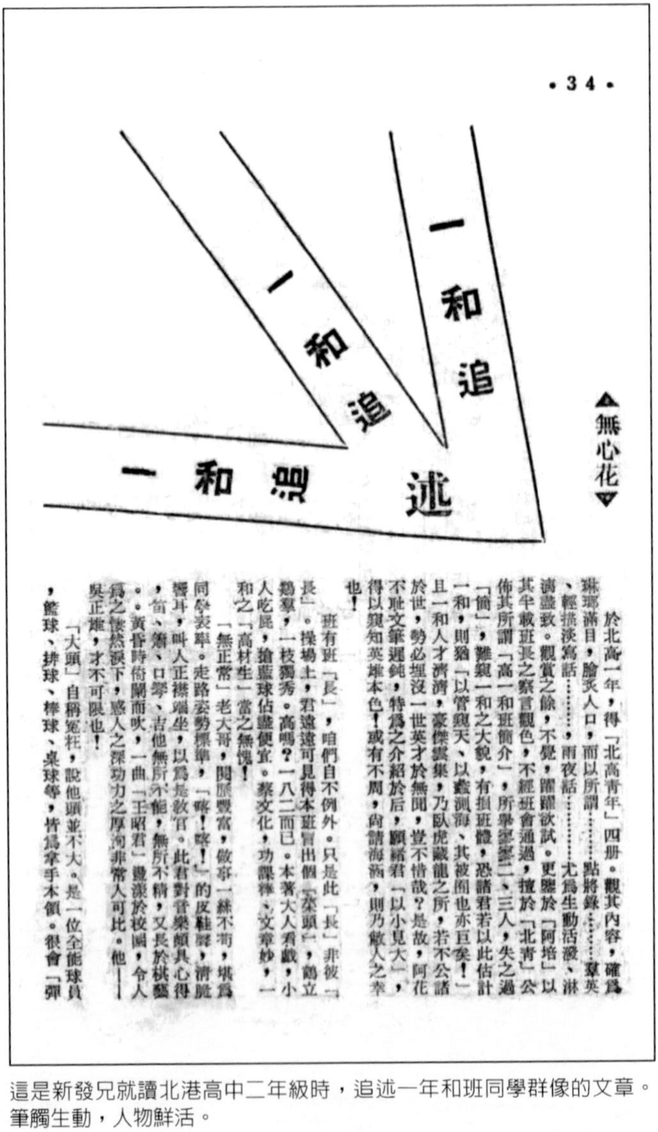

・34・

一和追述

▲無心花▼

於北高一年，得「北高青年」四册。觀其內容，確爲琳瑯滿目，膾炙人口，而以所謂……點將錄……羣英、輕描淡寫話……，兩夜話……尤爲生動活潑、淋漓盡致。觀賞之餘，不覺，躍躍欲試。更鑒於「阿培」以其半載班長之察言觀色，不經班會通過，擅於「北青」公佈其所謂「高一和班簡介」，所舉寥寥二、三人，失之過「簡」，雖窺一和之大貌，有損班體，恐諸君若以此估計一和，則猶「以管窺天、以蠡測海、其被闇也亦巨矣！」且一和人才濟濟，豪傑雲集，乃臥虎藏龍之所，若不公諸於世，勢必埋沒一世英才於無聞，豈不惜哉？是故，阿花不恥文筆遲鈍，特爲之介紹於后，願諸君「以小見大」，得以窺知英雄本色！或有不周，尚請海涵，則乃敝人之幸也！

班有班「長」，咱們自不例外。只是此「長」非彼「長」。操場上，君遠遠可見得本班冒出個「尖頭」，鶴立雞羣，一枝獨秀。高嗎？一八二而已。本著大人看戲，小人吃屁，搶籃球佔盡便宜。蔡文化，功課棒、文章妙，一和之「高材生」當之無愧！

「無正常」老大哥，閱歷豐富，做事一絲不苟，堪爲同學表率。走路姿勢標準，「喀！喀！」的皮鞋聲，清脆響耳，叫人正襟端坐，以爲是教官。此君對音樂頗具心得，笛、簫、口琴、吉他無所不能，無所不精，又長於棋藝。黃昏時倚闌而吹，一曲「王昭君」蕩漾於校園，令人爲之悽然淚下，感人之深功力之厚洵非常人可比。他——與正雄，才不可限也！

「大頭」自稱冤枉，說他頭並不大。是一位全能球員，籃球、排球、棒球、桌球等，皆爲拿手本領。很會「彈

這是新發兄就讀北港高中二年級時，追述一年和班同學群像的文章。筆觸生動，人物鮮活。

」不起來—頭太重啦！

阿祺是排球校隊，被喻爲後起之秀；且大有後來居上，喧賓奪主之勢，兼精籃球，又受過棒球訓練，也是全能者。任排球班隊教練，指導同好，接受挑戰，勢如破竹，所向無敵！又具有天賦的美妙嗓子，唱起歌來，餘音繚繞，令人爲之「情迷」。

「酥餅」有一副勝似小姐的嬌態，扭扭怩怩，歌聲也是那麼「細膩溫柔」。他穿著衣服，我們看不出他排骨酥不酥。他還喜歡明知故問，「現在是不是第四節？」「明天是不是禮拜天？」脫不了那分小姐氣。聽說他老兄家裡賣酥餅，但他不肯招認，怕咱們吃了不給錢！

「和尚」又號「城煌爺」，現在還俗了。「蓋」的功夫已至爐火純青的境地，天花亂墜，滔滔不絕，令人爲之心服口服，五體投地。他還自命爲「變調歌王」，是「少林寺」的開山祖師，不過掌門「信物」已躬讓他人矣！

「吳、許、曾」三大巨頭，叱咤風雲，紅極一時，號稱「文藝復興三傑」，文章各成一家，自成一格。

阿金是班「頭」，不過其「頭」曾亮過一時。有一個「阿香」促發其寫作靈感；不知怎地，忽然根除三千煩惱絲，甘做「負心郎」，竟入空門，屏棄靈感，尋求頓悟，由「和尚」那裡接掌小林寺，爲二代傳人。

阿培，班長寶座由正而副，並未全失。極可能也有那麼「一朶花」，只是不敢透露，不知是做賊心虛，亦恐他人先發制人，給搶跑了？綽號「西瓜皮」—西瓜肉自個兒呑掉了！以上二則，足見其吝嗇！

阿華英俊小生，留著一小撮鬍子，自稱爲「性格」的象徵。單槓功夫很好，喜歡在小姐面前露兩手。其文辭華麗，有深度，其悲天憫人之情呼之欲出。由副班長調任風紀股長，穩坐第三把交椅！以上知「三傑」政權鞏固，從不旁落，他人與之「無須爭」，其專制更可見一斑！

「黑猫」走路很「性格」，小姐們讚爲「一和怪人」吾人不知其怪何在？剛入學自我介紹時，一度狂言「擅長繪畫」，並非過分之言，其水彩確有一手，用色大膽—好壞是另一回事。蟬聯兩屆學藝股長，本班壁報概由其一手包辦，生花妙筆、勉強「入圍」，爲班爭光，功不可沒。還有，聽說他還「擅長廢話」！

「胖子」並不胖，還很苗條。「蓋仙」當不起，「臭彈」還可以，本班之同樂會，靠他掌舵，妙語如珠，爲之增色不少。媽祖廟邊的肉擔子夜夜可尋著他的芳踪，這是他最偉大的計劃（沒有之一）—破一百大關！

咱家是塊豬頭皮—炸不出油來，至此已經是山窮水盡，海枯石爛矣！前前後後，以「菜頭」長人爲鋒，「胖子」做後盾，構成堅強的聯防陣線，「一和」確爲攻之不破的堡壘。可惜由於分班，現在筵席已散，大家勞燕紛飛，各自一班。昔之老友難再共聚一室，「往事只能回味」，再也不得重溫「往日的舊夢」矣！

走筆至此，不禁擲筆興嘆，爲之潸然！

三、拾荒（一九七二年六月北高青年第七十二期）（高二下學期）

拾荒

在沙崙下

□無心花

高二下 北高青年 七十二期

小徑

伸展著胳臂，探向孕育英才的黌舍；傴僂著腰背，日夜導引莘莘學子邁向光明的坦程。任風雨，炙陽的摧折，在它的脊背刻畫了蒼老的皺紋。小徑，環繞著公園，靜謐的躺在蓊鬱的樹木底下。

斑剝泥地上面，印有太多太多踐踏的痕跡，重疊又重疊，不復辨識。清早，舖滿頭的朝陽晨曦，黃昏，照滿身的落霞餘暉，一個半寒暑，五百多個晨昏，我漫步其上，都曾有過一分超然物外的感受。

沒有車龍馬水的煩囂，沒有人擠人的嘈雜，靜悄悄的，周遭寂然，這寧靜的小天地。早到時，我預見了一日的輝煌，在小徑上；晚歸時，我背回了滿筐的豐碩，也在小徑上。

春夏秋多，日出日落，我喜愛獨自踽行，都在小徑上。

向日葵

只因爲喜歡曬太陽，我們成了向日葵。

鈴響後的十分鐘，倚著朱色的闌干，沐浴和煦的陽光，覺察到這世界的美好與溫暖。朝著東天的太陽，迎著耀眼的光暉，裝進了滿腦子的暇豫幻想。指著一個俏麗的倩影，聞到「七里香」飄溢在空中的幽香。

忘卻了一切的煩惱，自己的，家庭的，過去的與未來的一切——煩惱，三五成羣，敍新話舊，其樂融融。在闌干邊，是一段屬於我們自己的時光。

有一個時候，導師笑我們是「向日葵」。大家不禁啞然。

此後，我們便靠在闌干，背著太陽，凝視著搖曳在泥板上的另一個自己。不願躲在教室裡瑟縮打抖，我們就是喜愛曬太陽，享受它的溫馨。更喜於擁抱這一刻珍貴的美好光陰。

不知幾時，闌干邊的身影日漸稀疏，向日葵少了。

只是，「你是一朵向日葵，片片金黃色的花蕊，吐露著芬芳呀爲了誰……」的歌兒，卻在大夥兒口中流傳起來了。

—79—

新發兄的寫景抒情散文，著墨北港高中校園和周邊景致。「一個沒有車馬水的煩囂，沒有人擠人的嘈雜。靜悄悄的，周遭寂然，這寧靜的小天地。」

小事

點綴著一片青綠，散溢著古色古香的氛氳，淡綠的瓦，朱紅的柱，都惹人喜歡。第一次踏進這塊綠園的第一眼，我瞧見了它，也深深的愛上了它。

每天，走過綠園，是晨是昏，它都清晰的映入我眼簾。樓上憑闌遠眺，卻鮮明的似又模糊，有朦朧的美。只因為，我有一雙近視眼。曾經幻想著自己會置身其間，看三年富有的書，做三年遙遠的夢。或許，還該有個長髮披肩的身影作伴……。

好久以後才聽說，原來它叫「致遠亭」，雅致的芳名。长怪，我從不曾走近它。直到有一天——

那是好久以前，曾在亭下練習朗誦詩。很扭彆的，怎麼也呆不住，渾身不自在。彷彿在七里香叢裏，藏有無數窺視的小白眼，點點白眼，都瞪視著我……

後來才發覺，自己本來就不喜於受人注目。

自此，我只希冀能從它身旁，悄悄的涉足而過，在沉靜的清曉，在寂然的黃昏。不必留下斑點足痕，只願不有人的干擾。

沙崗

聽到太多的「沙崗細語」，愛好塗鴉的同學也樂於提起沙崗。沙崗在那兒？我找不著。在崗下的日子一久，極想體驗那崗上的意境，學做個「文人」。於是，有一次，我攀上了一座土丘——自認為是沙崗的土丘。在豔陽烤紅西天，落霞輕抹樹梢的時分。

荒廢的神社，沒有留下一片破碎的斷壁殘垣供人憑弔，只有列在路旁幾對不全的獻燈，兩座廟門，還叫人對它勾起一個模糊的輪廓，去想像著它是曾有過那麼一段輝煌的年代。如今，卻湮沒在人們的記憶之中，沒有人再會想起它。有的，只有在祖母口中，吐出一個「從前從前」的故事。

崗之東，是溪堤下的人家，隱藏在深色的叢木裏。翹首南望，便是P鎮，望見的，只是攢動，奔波的影子。西向，是濃密的木麻黃，空蕩的網球場，還有的，是那一道環繞公園的小徑。

有幾株榕樹，盤踞在沙崗邊緣，似乎還眷戀著，不忍拋棄它植根多年的塵土。不覺想起，沙崗能否永遠保住它？終有一天，它將枯萎在沙崗腳下，默默隱去的。

四周，一片荒灑蔓草。

猛然低下頭來，我驚異著自己腳下，竟是一片空虛，冷冷的腳板，冷冷的水泥地，冷冷的朔風…………一切都是冷冷的！冷冷的蒼白？

我急急退下，掉頭便走。渴望早些離開這兒，又像是急於逃避些什麼。走了一段路，回首北望，遙遙看見那矗立的廟門，似乎笑瞇了一條眼縫，還含著兩片微笑的嘴唇………

我步上了沙崗，沒有半點感傷；我走下了沙崗，也沒有半點惆悵。可是，我的生活太平淡了？

四、雨夜（一九七三年六月北高青年第七十三期）（高三下學期）

— 44 —

雨　夜

夜裡醒來，似曾聽見清晰的落雨聲。

輕輕的雨落著，輕輕的雨聲。

在外賃屋而居雖是第一次，十九歲的大孩子，總不能強說是滿懷的鄉愁。可是，三個夜裡三個夢魘。夢裡見到了許多，清醒時却記得的太少。

許是簷水濺著，每一滴簷水落下，就有一聲輕微的聲音響起，滴、答、滴…連續的，清晰的傳到陋室裡，在潮濕的空氣中迴盪，滴…答……答……

晚春初夏的夜裡落著雨。

一翻身，攏緊被子的一角，隔著稀稀的蚊帳，朦朧裡似乎就有一陣寒氣，從桌上枱燈幽幽的紅光上冉冉的昇起，昇起，罩了滿室，黎明前的森寒。

仰臉的一瞬，似乎望見躲在雲後的月亮，望她成一張多皺的臉孔。落淚。

擁著被，擁著一分淡淡的愁思。

靜寂的。窗外有雨迷濛，濛濛的雨罩著小屋，罩著小鎮的每一道窄巷。清脆的簷水依然響著，數落著……

……

大早起來，開門，門口積了一灘雨水。雨還是下著，而且更大了。遠遠的天空裡，一重厚厚的陰霾迎面斜斜的罩過來。驀然想起，十五

新發兄描寫高中最後一年在外賃居時，晚春初夏的雨夜裡，擁著被，擁著一份淡淡的鄉愁。

里外的陋屋上是否也落著雨？
家，啊，啊！

歸去

最是倉皇辭校日，教堂猶奏別離歌……
不是慨鳳凰花開，只訝異於那一片橘黃瞬間轉變成殷紅。

稍一回首，便覺往事只是一蓬煙雨，眺望茫茫的遠方，我無語可對，我無淚可揮。

在一個早晨，在一個黃昏，我將歸去，或先一步，或遲一步，或同時，我都將歸去，向浩瀚的人海。

歸去，我或在風雨裡與你頻頻的揮袖作別；或在星月下默默的掉頭而走。朋友，請你（妳）為我祝福。

地球是圓的。歸去，重逢。若我飛黃騰達，在燈紅酒綠下歡愉；或蜷縮於街頭，在蕭瑟的秋風裡打抖。朋友，當我們相見時，希望你能告訴我；我也來自沙崙。

縱在千里之外，遠眺風城的方位，我們當會見到一縷青煙，從沙崙腳下，直直的昇起……

在無數個歲月之後，午夜夢迴，當我們擁被而起，我們可能見到一個一個熟悉的臉孔，在黑夜中悄悄的隨風浮游過來，而捱過一夜的驚悸……

再不多久，一切都要改變的。

我們會不會去投海行船，流浪漂泊，在異國的酒店落籍，豪邁的狂飲著鄉國之愁的苦澀。我們會不會回歸原始洪荒，與牛羊同棲，在山之巔，極目眺望蒼蒼的平野，眺望茫茫的渺渺的海的那一邊，望見山脊綿延，海濤澎湃……

我們會不會有一段的燈紅酒綠？

我們會不會浪盪在五光十色的霓虹之下……

若果，什麼都不。

難道，我們要守住一段乾枯的河牀，看沙，看野草蔓延，看守那一個破敗支離，斜斜的囤倉？

難道我們能忍住那一陣一陣田間蝦蟆的喧囂！

難道我們會！

可是？

…………

後記

涓滴涓滴，在生命的洪流裡只是一小小浪頭的浪花。年來週記本摘下的一些，並非生活的全部，這只是片段，或說是一種過程，只是過程。

六十二年六月北高青年七十三期高三下

五、四重奏（一九七三年六月北高青年第七十三期）（高三下學期）

— 43 —

四重奏

若我飛黃騰達，在燈紅酒綠下歡愉，
或踡縮於街頭，在蕭瑟的秋風裡打抖
朋友，當於我們相見時，希望你能告訴我：
我也來自沙崙

無心花

幻季

有一段日子，每每在向晚時分，攜手步向綠瓦朱柱，古典的六角亭，圍坐一個圓桌，做夢。

顧不得周遭矮叢裡的白花點點。那會是一段呢喃，一聲呼喚，或一陣的悲懷，吐露著，總是心曲，是歌。歌是心聲，心聲往往緘默在心湖深處。

俯身石桌，擁著一個圓圓的夢，惦念著一張圓圓的臉孔。

那時候，夢裡曾見一抹燦爛的橘紅。

總以為，在我們不存奢望的時候，我們願意力求偶像的完美。一種昇華。也許，現實的一面會是殘缺的，可是殘缺也會是一種美。不然，活生生的現實如似的死板，我們豈不覺得人生無味？

自然，我們必須面對現實，更現實的一面現實。

或我們超越時空，在古代，在漢唐的國度，去尋覓一位古典美人；或說不定，在古希臘羅馬的斷壁殘垣中，掘出一尊斷臂的米羅維那斯—殘缺的呀，殘缺的美。

有一天，英文老師這麼說；像你們這般年齡的時候，我們都有一種摘星的慾望，不知現在你們怎樣。

我思索了好久好久，才似乎想起了些什麼……。

星光在千萬光年之外燃燒，千萬年後到達地球。我們見到的，竟是無數盤古前歷史的痕跡，何其幸運！有這麼古老古老的星光照耀，我們何必要摘星？

雖然，十二月是多星的季節。

地球、太陽系、銀河、銀河星數銀河組成的……人立在浩瀚宇宙地球的一隅，不太渺小了嗎？物換星移，便是幾個混沌。人，不太渺小？人生，不太短促了嗎？

何必摘星？亘古的星光閃爍。

你說，你不懂。

豈止是你，我呢？

我也不懂。

「虎尾溪虎溪浼浼，北港溪北港溪溶溶。」新發兄娓娓細述沙崙腳下寄宿流浪的高中生涯感懷。

未卜

同是一季的陽關道、獨木橋的。

從田野間一棟荒蕪的茅屋到小鎮到寄宿流浪漂泊，文昌在關潭；從第一聲樂笛第一首驪歌到珍重再見到魂斷藍橋。虎尾溪虎溪淺淺，北港溪北港溪溶溶……

有人是紅樓才子，有人是綠園芳草。而我們，我們竟自命爲沙崙腳下落寞的浪者。意境？詩境？

當有人遞出名剌，一臉得意，我們……

而還，又是爲什麼？

再也不顧懷條過去的荒唐。

只是未來，未來是一組無解的方程式。

縱使敢立崗上，獨佔檐頭。一旦，一旦在七月的季候風裡落地。

我們眞能灑脫的就此落地生根？

落地生根，我們根著何處？何處堪著根？

只若是黎明前的守候，一分恐慌，一分焦慮。

若是奔行於無垠的玄虛夜空，緊慎的踩不住一粒塵埃！

卷八　國立高雄師範大學英語系時期作品

一、社長的話（一九七四年五月高師論壇第七期）（大一下學期）

「從飲第一杯烏梅桂圓到黃酒紹興到乾了半瓶高粱，星月下燃起第一支長壽到五五五、Winston、Dunhill」……「社長就該像個社長，但我總學不像。」

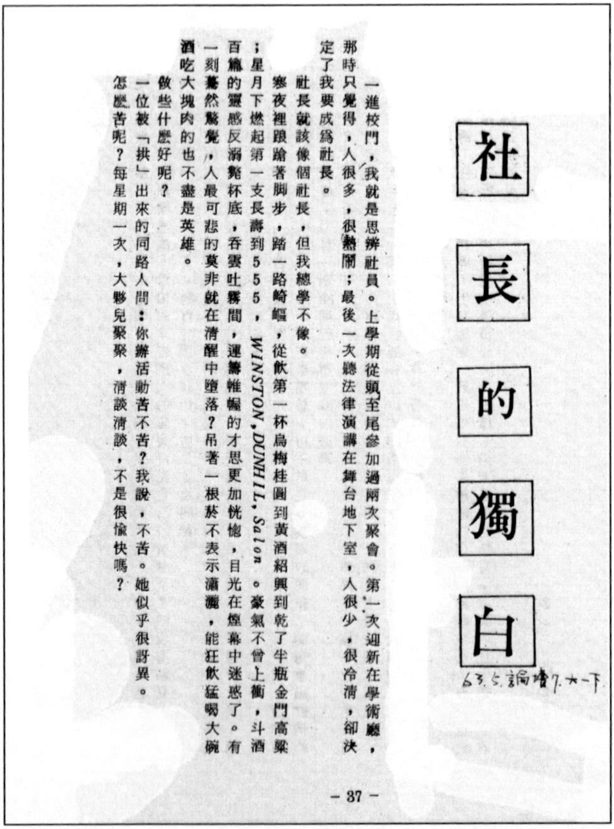

社長的獨白

63.5.論壇7.大一下

一進校門，我就是思辨社員。上學期從頭至尾參加過兩次聚會。第一次迎新在學術廳，那時只覺得，人很多，很熱鬧；最後一次聽法律演講在舞台地下室，人很少，很冷清，卻決定了我要成爲社長。

社長就該像個社長，但我總學不像。

寒夜裡踉蹌著脚步，踏一路崎嶇，從飲第一杯烏梅桂圓到黃酒紹興到乾了半瓶金門高粱；星月下燃起第一支長壽到555，*WINSTON, DUNHILL, Salon*。豪氣不曾上衝，斗酒百篇的靈感反溺斃杯底，吞雲吐霧間，運籌帷幄的才思更加恍惚，目光在煙幕中迷惑了。有一刻驀然驚覺，人最可悲的莫非就在清醒中墮落？吊著一根菸不表示瀟灑，能狂飲猛喝大碗酒吃大塊肉的也不盡是英雄。

做些什麼好呢？

一位被「拱」出來的同路人問：你辦活動苦不苦？我說，不苦。她似乎很訝異。怎麼苦呢？每星期一次，大夥兒聚聚，清談清談，不是很愉快嗎？

— 37 —

二、眼光（一九七四年十二月高師論壇第八期）（大二上學期）

「近視的只能看到近處，看小地方，固然不好。遠視的人呢，只怕他目窮千里，有時卻看不清楚自己的腳根哩！」

我聽了七年週會演講，多是些重複又重複的老話，是些叮嚀又叮嚀的大道理。久了，多了，感到有點膩。或許是自已本來內無慧根，要不，多年來怎覺得故我依然，似乎不堪造化？長大了也是自然長大的，好像就不會從中領悟啓示。向來，就懶得去思想那些。

某次，自家老闆曾在週會談中西文化。談到間隔，他說美國人距離大，有個人空間，中國人距離就要來得小；中國人講關係，講人情，美國人講理法，講利害；美國人有嬰兒床，大概不用像中國人又抱又揹又背的吧，他們把幾個月甚至幾個禮拜大的小孩隔離，爲的是要培養他獨立的個性。他說，中國人不能獨立。

我依然還記得，詩人吉普林說過：「東是東，西是西，東西永古不相期。」中國兒子是不用向老爸借用錄音機的。美國老頭有骨氣，吃飯納錢，是不屑白吃兒子一頓的。美國人看不慣中國人的生活方式，中國人不作興山姆叔叔那一套，似乎是可以知道的。

看到有人寫東方人的責任，說，譬如賽跑，東方人善於長距離跑，西方人善於短距離跑。是超人以如炬的眼光在掃瞄世界，是歷史家高瞻遠矚，用長遠的眼光在透視東西。結果看出了，東方勝於西方。

眼光

◎非今覺◎

向來都是說，西方人重功利，東方人重勢利，西方人講道理，東方人講道義。講道義的人每每是心地仁厚，是古道熱腸，有悲天憫人的胸襟，有痌瘝在抱的心懷，有以天下爲己任的志氣。看到了繁盛的西方有朝一日竟然也會道德沈淪，精神迷亂，他們驀然驚覺，西方在沒落了。他們覺得人溺己溺，人飢己飢，他們憂心如焚，痛碎五內，恐怕天國末日就要降臨了。於是，他們宣稱，要以東方殘餘的精神文明濟助西方的物質文明。他們說，東方人有責任。

是不錯，世界處處在騷亂，處處在變動，到底將走向何處去，當然，誰也不知道。

人會患近視，也會患遠視。患近視看得不遠，很苦，他們是須要有人給他一把眼鏡。患遠視的看得遠，自以爲好，他們是不屑有人指點迷津的。近視的只能看到近處，看小地方，固然不好。遠視的人呢，只怕他目窮千里，有時却看不清楚自己的腳根哩。

這麼說，近視好呢？還是遠視好？這道理，我說不出。

大二上 論壇第八期

三、荒誕夜（一九七五年六月高師論壇第九期）（大二下學期）

獨自閒行獨自吟，「偶然回首，便覺往事猶如一蓬煙雨，記憶也長成了一片渺茫的風景。」

荒誕夜

雲中君

明月多情應笑我，笑我如今，孤負春心，獨自閒行獨自吟。

納蘭性德

大夥兒說烤雞去就烤雞去。跨上鐵馬，落日沉沉的黃昏路就那麼伸展成小港闃寂的夜色。乍看之下，沒有燦爛繽紛的火樹銀花，幽靜靜靜，我想，該是適宜靜思默想的夜晚吧。

曾經發誓：與其坐死萬卷書城的胡同，我寧願走出門去擁抱山月江風，與其趕赴一個喧嘩的舞宴，我寧可一燈如豆，讀我喜歡的書。今晚來了，又是爲什麼呢？

一位朋友從草坪中央向我走來，說：

「何不下來學學舞，投入別人的歡聲笑浪裡，你會感染一點喜悅的。是春天了，何苦太過固執？」

他是強要拉人了，答他說：

「所謂『紅酥手，黃縢酒，滿城春色宮牆柳』，所謂『城春草木深』，不也是陽春景象嗎？春樹暮雲，愁紅慘綠，徒然惹得一懷愁緒，濺淚驚心。人的境遇不同，感受有異。跳舞，今晚我是不想的，你又何必太過顧慮了我。」

他走了，不作聲，頭也不回。

紅紅的炭火燒著。歌聲從草地裡響起了。點上一根煙，我坐看一夜魚龍舞，坐看笑聲吟吟暗香去。

大概也是學舞不成吧，一位老友問我：「幾時學會抽煙的」？

「是高三時候患了高三病吧，教我的是我們導師，我現在所以還會喝點酒抽點煙，多少是從他學的。」

「看來你似乎學得很像。抽煙沒有心思是白抽了，吞吞吐吐的，有什麼意思呢？」他奇怪了。

吹一口煙，我停了一停：

「抽煙就是多那麼一個動作。抽煙的藝術不在抽，而在吐。吸進一口煙只是增添一分痛苦，胸中鬱悶難當，不吐不快，一吐自然舒暢。大抵吞吐之間，濃淡疾徐，或直或圓，可從心所欲。至於雲山萬重，寸心千里，則又因人而異，與時推移了。」

想起劍橋有所謂噴煙的制度，說是導師含著一只煙斗，向著學生的腦袋噴煙，據說能令智慧冒火云云。我們肚裡無貨的，是沒有資格含煙斗的。其實抽煙那有什麼藝術呢？還不是隔著一重煙幕，作些自己不必負責卻可以唬人的玄談而已，別人看來煙霧繚繞，不知究裡，自己當然就以爲是很抖了。

哦的一聲，他老兄竟然納悶起來了。

幾曲終了，人就那麼散散聚聚，團團簇簇的交談著，一片雲靠了過來，月光黯淡了。是空氣污染嗎？怎麼大高雄的夜少有晶瑩璀燦的星空呢？

大概是可憐我一個人孤零零的在浪蕩吧，一位朋友請說但願他不會打擾我。我想我們寄居在外，「萍水相逢，盡是他鄉之客」，能作一夕之談，求之不可得，怎會怕人打擾呢。

「會否在外頭奔波過？」

回他說不會。

「人大抵是因爲經過一番風風雨雨，曲曲折折之後，滄桑歷盡，才會顯得世故和老成，我想你實在不配故作蒼老狀。」

我啞然失笑了。想告訴他，眼睜睜的看著一切理想漸漸成爲不可能，是很令人傷心的事。想想，說了又怎樣，也就不說了。少年老成固非佳譽，但也不必刻意天眞吧。我但願應心性，求一己之泰然，豈敢冒露才揚己之譏哉。

只跟他講：身份證上記著我是今天生的。

他偏著頭：你還理會這一套嗎？

還理會這一套嗎？舊歲新年，昨日今朝。七千多個日出日落，過去了。偶然回首，便覺往事猶如一蓬煙雨，記憶也長成了一片渺茫的風景。今夕何夕？在一個廣漠的野地裡形影獨立，上下四方，一片幽明，體驗生命悄然流逝，一種等待的焦慮幻化成另一種無助的茫然。

不知怎麼，我忽然想起納蘭采桑子的句子。

六十四年六月論壇九期 大二下

卷九　淡江大學西洋語文研究所碩士論文

CYCLE AND FREEDOM: A TAOIST READING OF JAMES JOYCE'S *ULYSSES*

輪迴與自由：以道家觀點詮釋焦易士的「依里西斯」

研究生：吳新發　*By Wu Hsin-fa*

指導教授：紀秋郎　*Adviser: Prof. Chi Ch'iu-lang*

Master Thesis

Graduate School of Western Languages and Literature

Tamkang University

June 1983

碩士論文

淡江大學西洋語文研究所

中華民國七十二年六月

碩士論文封面（1983年6月）淡江大學西洋語文研究所

焦易士（James Joyce，一八八二－一九四一）愛爾蘭作家和詩人，二〇世紀最重要的作家之一。代表作包括短篇小說集《都柏林人》、長篇小說《一個青年藝術家的畫像》、《攸里西斯》以及《芬尼根的守靈夜》。

本篇碩士論文目的在以哲學兼比較的方法從道家思想觀點，檢視焦易士的《攸里西斯》（Ulysses）所呈現的輪迴觀與主體的自由。

Joyce in Zurich, c. 1918（引自Wikipedia）

TAMKANG UNIVERSITY

GRADUATE SCHOOL OF WESTERN LANGUAGES AND LITERATURE

CYCLE AND FREEDOM:

A TAOIST READING OF JAMES JOYCE'S ULYSSES

by

Wu Hsin-fa

A Thesis submitted to the Graduate School
of Western Languages and Literature
in partial fulfilment of the
requirements for the degree of
Master of Arts

Approved:

Chi Chiu-lang
Professor Directing Thesis

William D. Tougune

Y. H. Tsai

June, 1983

論文摘要（中文摘要）

研究所組別：西洋語文研究所　研究生姓名：吳新發
指導教授：紀秋郎　論文題目：輪廻與自由：以道家觀點詮釋焦易士的「攸里西斯」
論文摘要：

詹姆士．焦易士（一八八二——一九四一）在其小說世界裡持續探索的主題之一是，個人如何超脫世俗輪廻不息的紛擾而臻於主體的自由。在其巨構「攸里西斯」中，此一主題展現得尤其突出，而且在許多方面與中國道家的精神頗有符節若合之處。

本論文的目的，即在以哲學兼比較的方法，從道家思想的觀點來檢視「攸里西斯」所呈現的輪廻觀與主體的自由。此一小說的結構同時表現老子「反者道之動」的兩項主旨——回歸與逆轉；而且焦易士也一如老莊，摒棄了形軀我、認知我、與道德我的束縛，以情意我為其終極的肯定。

本論文計一二四頁，分五章。第一章序論，備述焦易士的思想與道家精神的共同點。第二章評介道家思想的輪廻觀與個人的主體自由，作為本論文的理論架構。第三章探討「攸里西斯」中廻歸與逆轉的母題。第四章闡釋焦易士如何在此一小說中揚棄種種自我的局囿而肯定情意我。最後第五章結論，認為焦易士在「攸里西斯」中發揮其客觀與無我的情意我包容一切，並簡略提到其他一些相關的問題。

Cycle and Freedom: A Taoist Reading
of James Joyce's Ulysses

Advisor: Professor Chi Ch'iu-lang   Student: Wu Hsin-fa
Graduate School of Western Languages and Literature
Tamkang University

Abstract

James Joyce's Ulysses and the texts of Lao Tzu and Chuang Tzu show crucial resemblances in their concerns for the way how the individual forsters his subjective freedom in the world of cyclical movement. With philosophical and comparative approaches, this thesis is designed to investigate, in the light of Taoism, how the motifs of return and reversal in the thematic structure of Ulysses are revealed, and how the aesthetic self is affirmed in the novel. In broad outline, the argument of this thesis proceeds as follows: the justification of this topic, an attempt to clarify some Taoist concepts about return and reversal and the affirmation of the aesthetic self, the application of Taoist philosophy to interpret Ulysses, and the conclusion. We shall find that, for Joyce as well as for Lao Tzu and Chuang Tzu, the circular image of our world presents an existential necessity from which none can escape, and that only through the affirmation of the aesthetic self can one's subjective freedom be justified.

Table of Contents

Acknowledgment

I am greatly indebted to Professor Chi Ch'iu-lang (紀秋郎) for his directing my work and his generosity in letting me use his personal library. But for his encouragement, this thesis may have died abortively. To Professor William F. Touponce, I am very grateful for his useful suggestions. I also owe thanks to Professor Vernon Hall, Jr., who initiated me into the world of James Joyce's fiction, and to the Reverend Professor Pierre Demers, whose Joyce seminar has further thrown much light upon Ulysses for me. For the collection of critical materials, I am grateful to my old friend Chi Yüan-wen (紀元文). My thanks are also to my classmates Wang Li-chüan (王麗娟) and Yang Wei-yün (楊薇雲) and my alumna Chang Shu-chen (蔣淑貞) for their painstaking proof reading. To all these people, my deep thanks again. For all the faults in the thesis, needless to say, I am solely responsible.

Finally, my greatest personal debt is to my wife Lin Yüeh-chiao (林月嬌) for her moral and financial supports over these years.

Wu Hsin-fa
June, 1983
Tamkang University

卷十　英國倫敦大學皇家哈洛威學院博士論文

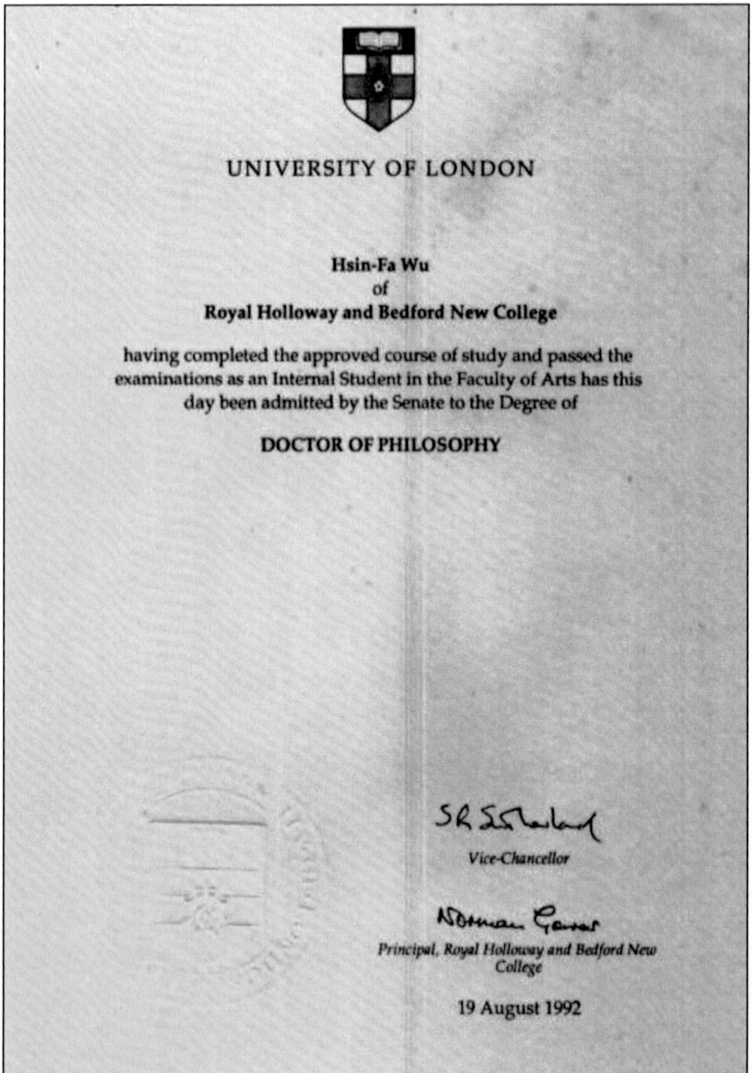

UNIVERSITY OF LONDON

Hsin-Fa Wu
of
Royal Holloway and Bedford New College

having completed the approved course of study and passed the examinations as an Internal Student in the Faculty of Arts has this day been admitted by the Senate to the Degree of

DOCTOR OF PHILOSOPHY

Vice-Chancellor

Principal, Royal Holloway and Bedford New College

19 August 1992

博士證書　英國倫敦大學皇家哈洛威學院

The Body Motif

in Bertolt Brecht's Plays:

A Study of His Theatrical Development

A thesis submitted to

the Department of Drama and Theatre Studies

in partial fulfilment of the requirements for

the degree of Ph. D.

by

Wu Hsin-fa

Royal Holloway and Bedford

New College

University of London

May 1992

博士論文封面

布萊希特（Bertolt Brecht，一八九八－一九五六）從倡導歌劇改革入手，在理論和實踐上進行敘事劇實驗，特別吸收中國戲曲藝術經驗，形成了獨特表演方法，並提出了間離效果理論。

代表性劇作有：《勇氣媽媽》、《四川好人》、《高加索灰闌記》、《伽利略傳》等。

主張劇場應該要破除虛構的現實，以間離效果打斷觀眾沈浸於戲劇的情緒，引發觀眾對社會現況的理性思考，孕育獨立思辨的能力。

這本博士論文分析布萊希特不同時期的六個劇本，藉以了解身體主題及其政治意涵。

（引自維基百科）

UNIVERSITY OF LONDON

Telex 269 400 SH UL
Fax 071-636 0373
Telephone 071-636 8000

Senate House
Malet Street
London
WC1E 7HU

Extension 3018/3019/3100
Our Ref AR/HDE/Ph.D

22nd July 1992

PERSONAL

Dear Sir,

I am pleased to inform you that the Examiners for the degree of Doctor of Philosophy for which you are a candidate have reported that you have satisfied them in the examination:

Faculty:	Arts
Field of Study:	Modern Drama
Title of Thesis:	The body motif in Bertolt Brecht's plays: A study of his theatrical development.

A copy of the Examiners' report on your candidature is enclosed with this letter for your personal information.

You will receive a diploma bearing the date of award of the degree (19 August 1992) after its formal conferment on the authority of the Senate or the Vice-Chancellor acting on its behalf.

Yours faithfully

G F Roberts (Mrs)
Academic Registrar

Mr. H-F. WU,
Room 7, Highfield House,
Highfield Road,
Egham,
Surrey, TW20 0SS.

博士論文口試通過知書

Abstract

This thesis attempts to analyse the body motif and its political implications in six plays chosen to represent different stages in Bertolt Brecht's career. The analysis treats the body as an irreducible entity of human existence inscribed by external forces, and at the same time illustrates a development from nihilistic vitalism to a plebeian celebration of the collective body in Brecht's theatrical works. The introduction clarifies the conception of the body implicit in Brecht's theatre in comparison with that expressed in postmodern performance theories. Conceptions of the body suggested by Walter Benjamin, Michel Foucault, and Mikhail Bakhtin are discussed. Each of the subsequent chapters concentrates, in chronological order, on an individual play. *Baal* is shown as a monologue of the body, which subverts the dialogic form of theatre and leads to the destruction of the individual. *Mann ist Mann* presents the malleable body exploited by the coercive system. *Die Maßnahme*, with its use of masks, reveals the individual's political commitment as engulfed by revolutionary strategy and ends with the total erasure of the body. *Leben des Galilei* illustrates another individual's similar predicament in the face of corporeal punishment from the orthodox and his survival under an invisible mask. In *Der guteMensch von Sezuan*, the body assumes an austere mask for the sake of physical survival, but the body's autonomous vitality finally exposes the dilemma between one's moral compassion and economic needs. *Der kaukasische Kreidekreis* exemplifies a carnivalesque celebration of the collective body, showing the bodily lower stratum as a subversive power against the dominant, official system. The conclusion, finally, sums up the foregoing argument and gives a brief discussion of some other plays by Brecht related to the topic.

博士論文摘要

Acknowledgements

First of all, I want to thank my supervisor Professor David Bradby for his unfailing encouragement and illuminating suggestions during my research. But for his help, this thesis would never come into shape. I also owe my thanks to Professor Patricia Haseltine of Providence University and Professor Tseng Seng-yee of National Chung Hsing University, who read part of my early drafts and offered some invaluable comments. Thanks for their kindness and encouragement. For all the faults in this thesis, needless to say, I am solely responsible.

I am greatly indebted to the National Science Council of the Republic of China for its financial support and to National Chung Hsing University for its generosity in granting me a long leave of absence; they have made possible my research in the U. K.

Finally, thanks to my family: to my wife Lin Yüeh-chiao for her patience and considerations over these years; to our daughter Mary L. C. Wu for her heroic restraint from bothering me during my writing; and to our son Dylan M. C. Wu for his occasional and timely interruptions to alienate me from empathic absorption in a bloodless PC and retrieve me from the cold machine into his warm embraces.

博士論文謝辭

Table of Contents

博士論文目次

卷十一

《中外文學》發表作品

一、為福寇抗辯：答「狂人日記」和「孔乙己」，中外文學十四卷第二期，總第一六三期，頁二八-四五，一九八五年七月一日。

二、誘惑（上）（Havel劇本翻譯），中外文學十九卷第七期，總第二二三期，頁一二五-一六三，一九九〇年十二月一日。

三、誘惑（下）（Havel劇本翻譯），中外文學十九卷第八期，總第二二四期，頁一四五-一六九，一九九一年一月一日。

四、悲情聲聲慢（Havel劇本翻譯），中外文學十九卷第九期，總第二二四期，頁一三八-一八七，一九九一年二月一日。

五、從想像空間到公共空間——柴菲萊利的《殉情記》與魯曼的《羅密歐＋朱麗葉》中外文學第三十五卷第五期，頁一三-三九，二〇〇六年十月。

一、為福寇抗辯：答「狂人日記」和「孔乙己」

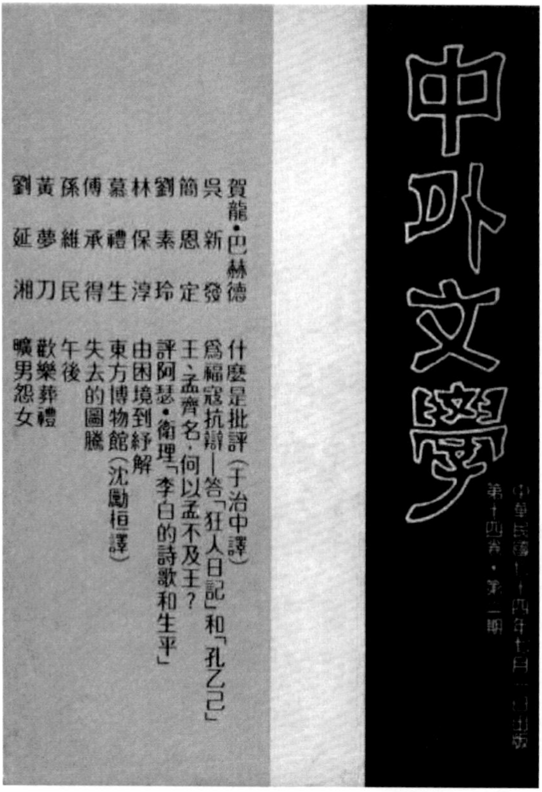

中外文學14卷第2期，總第223期，1985年7月1日。

二、誘惑（上）（Havel劇本翻譯）

中外文學19卷第7期，總第223期，1990年12月1日。

中外文學19卷第8期，總第224期，1991年1月1日。

三、誘惑（下）（Havel劇本翻譯）

四、悲情聲聲慢（Havel劇本翻譯）

中外文學19卷第9期，總第224期，1991年2月1日。

五、從想像空間到公共空間

——柴菲萊利的《殉情記》與魯曼的《羅密歐+朱麗葉》

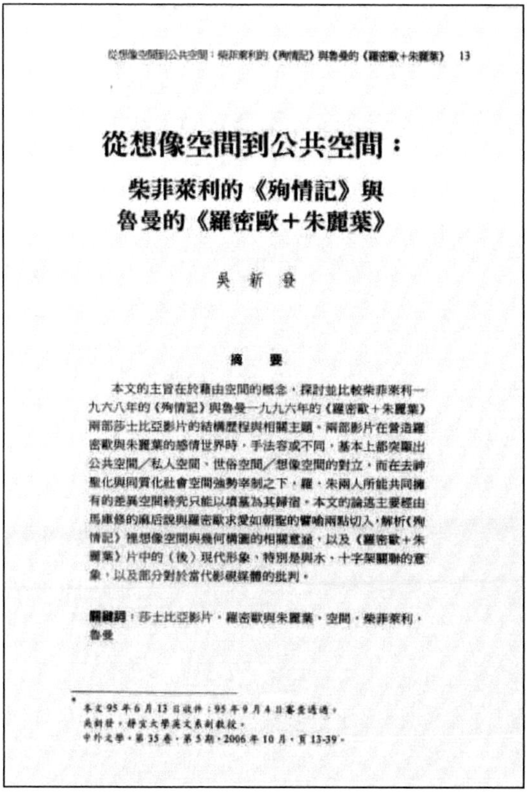

從想像空間到公共空間：

柴菲萊利的《殉情記》與魯曼的《羅密歐+朱麗葉》

吳 新 發

摘 要

本文的主旨在於藉由空間的概念，探討並比較柴菲萊利一九六八年的《殉情記》與魯曼一九九六年的《羅密歐+朱麗葉》兩部莎士比亞影片的結構歷程與相關主題。兩部影片在營造羅密歐與朱麗葉的感情世界時，手法容或不同，基本上都突顯出公共空間／私人空間、世俗空間／想像空間的對立，而在去神聖化與同質化社會空間強勢宰制之下，羅、朱兩人所能共同擁有的差異空間終究只能以墳墓為其歸宿。本文的論述主要經由馬庫修的瑪后說與羅密歐求愛如朝聖的譬喻兩點切入，解析《殉情記》裡想像空間與幾何構圖的相關意涵，以及《羅密歐+朱麗葉》片中的（後）現代形象，特別是與水、十字架關聯的意象，以及部分對於當代影視媒體的批判。

關鍵詞：莎士比亞影片，羅密歐與朱麗葉，空間，柴菲萊利，魯曼

* 本文95年6月13日收件；95年9月4日審查通過。
吳新發，靜宜大學英文系副教授。
中外文學，第35卷，第5期，2006年10月，頁13-39。

中外文學第35卷第5期，2006年10月。

卷十二

《中央日報國際版》翻譯作品

全民英語專刊

ENGLISH FOR ALL

一、讓歐洲起來！

Let Europe Arise!

邱吉爾一九四六年在蘇黎克大學演講

《高級英文文摘》（Advanced English Digest）第六期（二〇〇二年十二月：頁六—十一。）

邱吉爾（Winston Leonard Spencer Churchill，一八七四—一九六五）在二次大戰期間擔任英國首相（一九四〇—四五），功業彪炳，但在一九四五年七月的大選中馬前失蹄；下台後他依然活力十足，在一九五一年終於重拾江山。邱吉爾英語精湛，尤擅演說。一九四六年三月他以在野之身在美國密蘇里的西敏學院（Westminster College）演講提到的「鐵幕」（iron curtain）之說固然膾炙人口，同年九月十九日在瑞士蘇黎克大學（University of Zurich）的演講倡議組織歐洲合眾國（The United States of Europe），影響或許更為深遠。

追求歐洲統一的理念並非邱吉爾首開先河；可是經他登高一呼，聲勢自然不同凡響。對於邱吉爾的倡議，近程的回應是一九四八年五月在海牙召開的歐洲大會（The Congress of Europe），以歐洲的統合為主要議題，而且公推邱吉爾為榮譽主席（Honorary President）。長遠的迴響則見於過去五十多年來歐洲的發展：由一九五八年正式成立的歐洲經濟共同體（European Economic Community，簡稱EEC）與歐洲原子能共同體（European Atomic Energy Community，簡稱EAEC）以及歐洲議會（European Parliament），到一九九三年十一月一日生效的馬斯垂克條約（Maastricht Treaty, the Treaty on European Union），共同體由經濟團體轉變為更具政治性的歐洲聯盟（European Union），歐洲的整合方向大致印證了邱吉爾的遠見。

在演講裡，邱吉爾首先數說戰後歐洲的悲慘景象，描述栩栩如繪，十分生動。他繼而分析因果，歸咎於德國的野心，但也立即將重點轉移到寬恕的可貴與前瞻的必要。他接著提出的建議確實駭人聽聞：戰後一年，他就呼籲歷史的宿敵德法兩國攜手並進，建立「夥伴關係」（partnership）。德法同心有其絕對的必要，因為這是統一歐洲、建立「歐洲合眾國」的前提。他也列舉「歐洲合眾國」的種種優點。「歐洲合眾國」是他所謂的「上策」（sovereign remedy）。他不僅警告時機緊迫，更進一步提出實踐步驟——以成立「歐洲議會」為始——顯示其呼籲並非信口開河的口號，而是具體可行的方案。同時值得注意的是：邱吉爾在演講中不只並未承諾英國要加入「歐洲合眾國」，反而暗示英國自有其「大英國協」的政治版圖，只願扮演「歐洲合眾國」朋友與贊助者的角色——這一點基本態度，迄今似乎依然影響英國與歐盟的微妙關係。

二、告別蘇聯

Resignation Speech
戈巴契夫辭職演說

《高級英文文摘》（Advanced English Digest）第二期（二〇〇二年八月：頁二三－二七。）

戈巴契夫（Mikhail S. Gorbachev，一九三一－）曾是蘇聯共黨總書記（一九八五－一九九一）與蘇聯最高蘇維埃主席團主席（一九八八－一九九一），也是蘇聯第一任與最後一任總統（一九九〇－一九九一）。一九八五年後他大力推行革新政策，使得perestroika（「重建」）與glasnost（「公開性」，原意「放心講話」）兩個俄文詞彙在西方媒體幾乎每日見報。革新政策為蘇聯帶來蓬勃的生機，也衍生動蕩的因素。

一九九一年八月十八日終於發生「八月政變」（August coup）：八名強硬派蘇聯高官軟禁戈巴契夫，因俄羅斯總統葉爾欽（Boris Yeltsin，一九三一－）力挺戈巴契夫，政變在八月二十二日宣告失敗。但原本實力雄厚的葉爾欽更加坐大，逼使戈巴契夫辭去蘇聯共黨總書記職務，各共和國亦紛紛宣布獨立。八月政變之後，蘇聯可說已經名存實亡。本篇辭職演說於一九九一年聖誕節透過電視發表，正式宣告世上兩個超級強國之一的蘇聯政權終於解散，應屬當代史上的重要文獻。

戈巴契夫本篇演說的主旨在為其主政期間的各項改革政策辯護。他首先為蘇聯的解體感到遺憾，事與願違，他無力回天，但也依然堅持聯邦統一的必要，何況變更國體如此重大的決策至少應該訴諸公投之類的民意機制。而訴諸民意，亦即民主的觀念與制度，政治與精神的解放，正是戈巴契夫稍後強調其成就的重點所在。

不僅如此，戈巴契夫也不忘提及自己在經濟、人權、以及國際政治方面開放政策的成果。處在激烈變動的歷史斷層，戈巴契夫也表達自己的憂心，尤其是提及擔心國人頓時喪失「泱泱大國」之民的自豪而懷優喪志，略有乾坤頓毀的亡國之慼；還好他最後也立即表達對於國人的寄望與信心，使得本篇演說止於積極的前瞻精神，而未淪為濫情的懷舊憂傷。

敗軍之將，未可言勇。戈巴契夫告別蘇聯的演講不免語多無奈，但整體上他仍然說得不亢不卑，甚至振振有詞。歷史的功過短時難以評估，但戈巴契夫賦予舊蘇聯的民主自由，確是他最足以傲人的功績。

三、劇場的意義

哈維爾總統一九九四年世界戲劇節演說

瓦茨拉夫・哈維爾，《政治，再見！》，貝嶺編，林宗憲等譯（台北：左岸文化／傾向出版社，二〇〇三年二月，頁八一－八三。）

本刊曾譯介卡納德（Girish Karnad，一九三八－）在今年世界戲劇節（World Theatre Day）的講辭。今再提供一九九四年時捷克總統哈維爾（Václav Havel，一九三六－）的另一篇講辭以饗讀者。

捷克現任總統哈維爾是著名劇作家，一九六〇年代起即以卡夫卡式的喜劇、荒謬劇（theatre of

the absurd）著稱。他的劇本嘲諷集權體制之處頗為明顯，許多情節甚至反映他個人的政治經驗。哈維爾劇作頗豐，重要者例如：《園遊會》（The Garden Party，一九六三）、《備忘錄》（The Memorandum，一九六五）、《觀眾》（The Audience，一九七五）、《抗議》（Protest，一九七九）、《悲情聲聲慢》（Largo Desolato，一九八四）、《誘惑》（Temptation，一九八五）等。

他歷年的主要言論收錄於《磊落生活》（Living in Truth，一九八六）、口述的回憶錄則見於《攪亂寧靜》（Disturbing the Peace，一九九〇）。一九九四年哈維爾發表本篇演說時，巴爾幹半島烽煙正炙，哈維爾的現實關懷自然溢於言表。講辭錄自網路，原文標題是「International Theatre Day」。

哈維爾本篇講辭的主旨在強調具體的人與對話不僅是劇場藝術的形態，也是當今世界所嚴重缺乏的因素。在「虛擬實境」（virtual reality）與「虛擬空間」（cyberspace；或譯「網際空間」）日漸氾濫的數位時代（digital era）裡，資訊的溝通彷彿迅速通暢，但真實的人際交流似乎反見稀疏，「去人性化的科技文明」（dehumanizing technological civilization）所造成或強化的疏離乃至衝突，在在令人心憂。在後現代的世界，執著於文學藝術的「意義」極可能被視為無謂的奢談。世風如此，哈維爾依然期盼與堅持戲劇能「救國救世」；他的呼籲不能不說是滾滾紅塵裡的暮鼓晨鐘。

劇場的意義所在亦即世界的希望所繫。

四、後現代世界裡的自我超越

哈維爾總統獲頒費城自由獎章的演講

《高級英文文摘》（Advanced English Digest）

（二〇〇二年三月二十二、二十三日，頁一六）

哈維爾（Václav Havel，一九三六－）出身布拉格（Prague）世家，大學時期主修經濟，後來參與劇場活動，成為著名劇作家。哈維爾深具人道關懷，在共產體制之下多年從事反抗活動，屢受牢獄之災，但也成為捷克異議份子的領袖。一九八九年東歐變天，共黨政權垮台之勢如同骨牌效應；和平革命後，哈維爾在一九八九年十二月當選捷克斯洛伐克（Czechoslovakia）總統。但國內古老的種族問題又起，一九九三年一月一日捷克斯洛伐克正式分裂為捷克（Czech）與斯洛伐克（Slovak）兩共和國；協議分裂期間，哈維爾曾辭職以示反對，旋即又被選為捷克總統，一九九八年並再度當選，連任迄今。

哈維爾在一九九四年獲頒費城自由獎章（The Philadelphia Liberty Medal），本篇演講係摘錄自當年美國國慶七月四日時他在費城獨立廳（Independence Hall, Philadelphia）頒獎典禮上的致辭。演講前半敘述後現代世界多元文化（multicultural）的現象使人產生不確定感，幾至處於「精神分裂的狀態」（a state of schizophrenia），亦即以觀察者（observer）自居的人與整體宇宙乃至與自身嚴重疏離；此處所選的演講後半則藉兩項科學假說提出人類自我超越的必要與意義。

人本宇宙論原理與蓋亞假說在科學界或有爭論餘地，但哈維爾肯定兩者隱示人類和宇宙乃一息息相關的生命共同體，為人類重新定位，藉以消弭後現代零碎、分裂的不確定感。哈維爾力言科學與政治皆有其局限，自我超越實乃開拓更為深廣的、民胞物與的胸懷。哈維爾也極為重視神的存在，這一點不應被視為無稽的神祕思想，而是顯現其人權觀念背後的宗教情操：敬神亦即敬人。質言之，神造人，人造國家，因此人權高於國家權利（Human rights rank above the rights of states）——這是哈維爾重要的基本主張——關於自我超越與天賦人權的呼籲，放在此一主張的基礎上觀察，或許更易於理解。

本篇演講整體上層次分明，尤其是最後總結自我超越的意義時，不僅言簡意賅，而且適時提及自由宣言的天賦人權說，演講的主題與自由獎章的旨意兩相呼應，確有畫龍點睛之效，堪稱善作結語的典範。

五、你們無人落敗

None of You Have Ever Lost
達斯丁．霍夫曼一九七九年獲奧斯卡最佳男主角受獎致詞

《高級英文文摘》（Advanced English Digest）第七期（二〇〇三年一月：頁二三－二五。）

在歷屆奧斯卡受獎致詞（acceptance speech）裡，達斯丁．霍夫曼（Dustin Hoffman，一九三七）一九七九年以《克拉瑪對克拉瑪》（Kramer vs. Kramer）獲頒最佳男主角獎時的演說迄今膾炙人口。霍夫曼出道甚早，作品亦豐，其先雖曾三度入圍，但都與奧斯卡慳緣一面。

他對奧斯卡本來就頗有微詞，一九七五年時甚至譏評說「影藝學會的頒獎既噁心又齷齪……比選美會好不到哪裡」（The Academy awards are obscene, dirty...no better than a beauty contest.）。《克拉瑪對克拉瑪》獲獎對他或許是遲來的正義；一九八八年他以《雨人》（Rain Man）一片再度獲頒最佳男主角，則應該是錦上添花了。

一九七九年奧斯卡入圍最佳男主角的還有《大特寫》（The China Syndrome）裡的傑克・李蒙（Jack Lemmon，一九二五－二〇〇一）、《義勇急先鋒》（And Justice For All）裡的艾爾・帕奇諾（Al Pacino，一九四〇－），《浮生若夢》（All That Jazz）裡的羅依・薛德（Roy Scheider，一九三二－）以及《妙人奇跡》（Being There）裡的彼德・塞勒斯（Peter Sellers，一九二五－一九八〇）。頒獎者是前一年的最佳女主角得主珍・芳達（Jane Fonda，一九三七－）

霍夫曼的演說有幽默之處，也有嚴肅之點。幽默首見於其開頭針對奧斯卡小金人的調侃，以及對父母的「另類」感謝方式。引發熱絡的笑聲之後，在依慣例數說致謝名單時，霍夫曼也不忘開開玩笑：提到獲得提名最佳男配角的賈斯丁・亨利（其時才八歲，是歷來最年輕的最佳男配角提名者），指明他假如再次落選，we'll have to give him a lifetime achievement award.，在藉由年齡與獎項兩者的「不搭調」（incongruity）營造笑點之際，對賈斯丁的褒獎與呵護之情也溢於言表。但本篇演說動人心弦之處，還是在於後半的嚴肅之語：霍夫曼強調演藝是團隊工作，沒沒無聞的團隊中人自有其可貴的貢獻。他也強調演藝人員情同家人，在追求至善的過程中，「無人落敗」。

他不只安慰同獲提名而未得獎的人，更提醒大家關懷掙扎上游中的眾多同僚。質言之，霍夫曼不僅莊諧並出，尤其充分展現勝而不驕的氣度與體恤弱者的襟懷。難怪霍夫曼語畢之後，滿堂喝采；隨後上場的主持人強尼．卡森（Johnny Carson）也立即說道：「我想大家都同意這番話說得真好」（I think you'll all agree that was beautifully said.）。

六、梵語《戲劇論》的啟示

卡納德二〇〇二年世界戲劇節講辭

《高級英文文摘》（Advanced English Digest）
（二〇〇二年三月二十七日，頁一六。）

三月二十七日是世界戲劇節（World Theatre Day）。一九四八年時聯合國教科文組織（UNESCO）在捷克首都布拉格（Prague）設置的國際戲劇協會（International Theatre Institute）係一非政府組織，目前約有一百個會員。

一九六一年時，該協會芬蘭中心（Finnish Centre）的主席基維瑪亞（Arvi Kivimaa）首倡訂定世界戲劇節，經該協會通過後，便以隔年巴黎世界戲劇季的開幕日為世界戲劇節。國際戲劇協會近來每年遴選一位劇作家撰寫講辭，在各分中心慶祝世界戲劇節時公開發表。二〇〇二年的代表劇作家為印度的卡納德（Girish Karnad，一九三八－）。

卡納德集演員、導演、學者、劇作家等多重身分於一身。他獲獎無數，一九八七至一九八八年曾任芝加哥大學駐校劇作家與訪問教授，一九九九年獲印度最高文學獎（the Bharatiya Jnanpith Award），現任倫敦尼赫魯中心（Nehru Centre）主任。卡納德擅長由印度神話取材編劇，並賦予當代意涵。創作劇本自早期的《蛇神壇城》（Nagamandala，一九六三）與《突革拉克》（Tughlaq，一九六六）至近作《火和雨》（The Fire and the Rain，一九九九）以及《皤利：獻祭》（Bali: The Sacrifice，二〇〇二）等，至少三十多種，其中的歷史劇《突革拉克》處理中世紀蘇丹Muhammad Tughad（一三二五－一三五一）統治期間的動蕩，不乏影射尼赫魯時代之處，尤為膾炙人口，歷久不衰。

在本篇講辭裡，卡納德重新詮釋梵語《戲劇論》中關於戲劇起源神話的意義，其中的重點至少有三：其一、戲劇起源神話的要旨不在顯示邪不勝正或愉悅觀眾，而是暗示魔由內起，亦即戲劇、乃至世事人心，本身即內含諸魔。其二、此一神話也強調劇作家、演員與觀眾等參與者互動的重要，現場觀眾與演出的互動更使劇場有別於其他媒體。其三、基於已然隱含於前兩點的變動因素，戲劇更不能只求無過，故步自封，而是要大膽嘗試。質言之，因為內含諸魔，所以無有不變之理。而互動則不穩，不穩則生變，但生變亦即生機。

莎翁名言：「世界一舞台」（All the world is a stage）。劇場如此，世事亦可作如是觀。

七、「我是柏林人」

甘迺迪總統的柏林演講

《高級英文文摘》（Advanced English Digest）（二〇〇一年十一月二十五、二十六日，頁一六。）

柏林圍牆的歷史是冷戰年代的縮影。一九四五年二次大戰結束，柏林由美、英、法、俄四國佔領，分成以美俄為首的東西兩區，壁壘分明。由於對共產黨的政治經濟環境不滿，自一九六一年一月至八月初，約有十六萬東德難民湧入西柏林。當年八月十二日下午四點，東德共黨領袖烏布利希（Walter Ulbricht，一八九三－一九七三）下令封鎖邊境，隨即動工建立高達四公尺的水泥圍牆——西柏林與東柏林、東德交界一六六公里，圍牆即達一〇七公里之長，阻斷西柏林對外聯絡的一九二條道路，隔絕了居住在東柏林而在西柏林工作的六萬名通勤者。

一九八九年東歐變天，東德民眾經由匈牙利大舉逃亡，並在萊比錫（Leipzig）等地大規模示威，十一月九日下午七點，東柏林共黨書記夏包斯基（Günter Schabowski）語意曖昧地宣告要開放邊界以供「私人出國旅遊」。當晚稍後，東柏林的人潮立即湧入西柏林，柏林人群集在菩提大道（Unter den Linden）的起點布蘭登堡大門（Brandenburg Gate）等地狂歡慶祝，隔日拆牆工作即行開展。隔年六月兩德正式統一。柏林圍牆巍然矗立，前後將近二八年之久，其間逃亡未成而被射殺的東柏林人至少百人。

六〇年代一開始即風雨飄搖。繼柏林圍牆之後，一九六二年十月又發生古巴飛彈危機，雖然蘇聯總理赫魯雪夫（N. S. Khruschev，一八九四－一九七一）最後被迫撤除飛彈，但情勢之緊張，莫此為甚。就在冷戰方酣之際，美國總統甘迺迪（John F. Kennedy，一九一七－六三）在一九六三年六月二十六日旋風式造訪西柏林，雖然只停留八小時，但是對於已經遭受圍城十八年的西柏林而言，可說是「最難風雨故人來」。

甘迺迪在布蘭登堡大門前的查理檢查站（Checkpoint Charlie），希望隔牆眺望菩提大道，不料對方竟以成排飛揚的紅旗遮蔽布蘭登堡大門。但是甘迺迪在魯道夫．威爾德廣場（Rudolph Wilde Platz）的演講十分成功，尤其一句德文Ich bin ein Berliner（我是柏林人），更贏得群眾熱烈喝采。未料僅僅半年之後，十一月二十二日，甘迺迪乘坐敞篷車在德州達拉斯（Dallas）大街遇刺身亡。

本篇演講開宗明義，即以羅馬人與柏林人相提並論，強調身為柏林人的榮耀。榮耀何來？來自代表自由而與共產對抗。甘迺迪駁斥對於共產主義無知或迷信的人士，再三提及「讓他們到柏林看看」，十足反應美國典型的實證精神（pragmatism）傾向。但甘迺迪也不改其理想性格，申論自由世界與共產體制的差異時，不止提醒西柏林人勿覺孤單，美國人和他們天涯若比鄰，還不忘鼓舞西柏林人要超越現時與自我，放眼未來與人類。「自由不容分割」的話，實在有民胞物與、痌瘝在抱的襟懷；「只要有一個人遭受奴役，就不能說人人自由」，更是有如地藏王菩薩「地獄不空，誓不成佛」的心腸與宏願，令人聞之動容。結尾時甘迺迪將柏林人與自由人劃上等號，可謂推崇備至。最後重複一句德語Ich bin ein Berliner，以聽眾的母語向其親表認同，則又是畫龍點睛。

但認同之事大矣。甘迺迪向柏林人熱忱認同，廣受喝采；如今時過境遷，聽起來則不無誇大（overact）之嫌。筆者在一九九〇年五月遊柏林——其時兩德統一在即，新納粹（Neo-Nazism）方興未艾——初識的西柏林年輕友人意氣風發，卻也難掩反美情緒；他諧擬甘迺迪Ich bin ein Berliner的口氣，就顯然語帶不屑。昔日雋言，竟成今日謔語，令人不免有白雲蒼狗之慼。

本篇演講現場錄音，可在以下網站聽到：http://www.cs.umb.edu/jfklibrary/j062663.htm。

1990 Easter at Cordrey Gardens, Coulsdon, Surrey

八、仁心仁術

Humanitarian Side of Medical Practice

蘭大弼醫師在成大的特別演講

蘭大弼醫師（Dr. David Landsborough IV，一九一四－）一家是台灣醫療史上感人的傳奇。蘭醫師的尊翁蘭大衛醫師（Dr. David Landsborough III，一八七〇－一九五七），在一八九六年與梅鑑霧牧師（Campbell Naismith Moody，一八六五－一九四〇）設立「彰化醫館」——亦即今天彰化基督教醫院的前身——救人無數，成為彰化地區的「活菩薩」，「南門有媽祖，西門有蘭醫師」之說傳頌多時。一九二八年時，為了拯救皮膚嚴重潰爛的十三歲學童周金耀，蘭大衛醫師與夫人連瑪玉女士（Miss Marjorie Learner，一八八四－一九八四）展現的「切膚之愛」——連瑪玉女士捐出皮膚，蘭大衛醫師親手移植——最是足以見證菩薩心腸的仁心仁術。

蘭大弼醫師本身出生於彰化，十七歲時返英。一九三九年獲倫敦大學醫學博士後，前往福建泉州惠世醫院服務（一九四〇－一九五一）；一九五二年轉至彰化基督教醫師服務，一九五四年任院長。夫人高仁愛醫師（Jean Murray Landsborough，一九二〇－一九九三）也曾任彰基婦產科主任。兩人在台灣奉獻長達廿八年後，同時在一九八〇年退休返英；蘭醫師現居倫敦南郊的Coulsdon。

一九九九年是成功大學醫學院成立十五週年，蘭大弼醫師應邀在二月二十六日慶祝會上發表特別演講。在演講前半，自稱「彰化囡仔」的蘭醫師回顧台灣西醫的起源、比較西方醫學之父希波克拉底（Hippocrates，約西元前四六〇－三七七）與一九六八年「日內瓦宣言」（Geneva Declaration）的醫師「誓約」，以及中國隋唐孫思邈（西元五八一－六八二）、明朝龔信的醫德理念，最後回歸「如何當好醫師」（How to be a good doctor）的基本問題——除了日益求精的專業知識之外，他在此處摘譯的講辭後半所強調的是人道主義的理想。

蘭醫師的演講條理分明，十分平實，不作驚人之語。仁心仁術本就貴在履行實踐，不重夸夸之言。但蘭醫師的平實之論也不乏精湛之語，頗為值得玩味。例如：

一、A machine can not show kindness.與Radiation cannot show sympathy.兩句言簡意賅，直可視同醒世的箴言（maxim）。

二、講詞中提到某位「台灣醫師」，捨棄大家習以為常的用法Taiwanese doctor，而說Taiwan doctor，應是蘭醫師直覺Taiwanese的後綴語－ese略帶不敬的貶意；蘭醫師心細如此，也可視為其人道精神的自然流露。

三、not patients but patience！一語，強調醫者必備的特質不在要求「患者」，而在反求諸己的「耐心」，而且patient與patience兩字同根（pati意指suffer「受苦」），加上兩字造成頭韻（alliteration）的呼應，說來鏗然有聲；譯文「不是病患，而是忍耐！」則是顯然相形見相絀。

九、永不回頭自由路

Irreversible March to Freedom

曼德拉出獄演講

《高級英文文摘》（Advanced English Digest）第二期（二〇〇二年八月，頁一六。）

曼德拉（Nelson Mandela，一九一八—）是南非、乃至全世界政治異議份子的典範。他原來是約翰尼斯堡（Johannesburg）的執業律師，一九四四年加入非洲民族會議（African National Congress），領導反抗南非的種族隔離政策，並採取武裝鬥爭的路線。一九六一年時發動連續三天的全國大罷工，一九六四年被判終身監禁。但即使身繫囹圄，他依然是黑人反抗運動的象徵。一九八〇年代裡，國際輿論一致要求釋放曼德拉。

一九九〇年二月南非總統戴克拉克（F. W. de Klerk，一九三六－）終於下令撤銷對於政治團體的禁令，釋放曼德拉，當年八月非洲民族會議也停止武裝鬥爭。一九九三年曼德拉與戴克拉克兩人共同獲得諾貝爾和平獎。一九九四年南非總統大選，曼德拉當選總統，戴克拉任副總統，組成聯合政府（coalition government）。一九九六年三月南非通過新憲法。

本篇演說是一九九〇年二月十一日曼德拉出獄後，在開普敦（Cape Town）面對民眾的談話。

曼德拉在本篇演講裡宣示他對民主自由一貫的堅持。他首先批判種族隔離政策的罪惡，說明武裝鬥爭的必要，立場堅定而強硬。他描述理想的南非，亦即民主平等、全民參政的理想；他推崇戴克拉克的人格，但也立即軟硬兼施，呼籲國人與國際社會不要在勝利即將來臨的關鍵時刻有任何鬆懈，以致於功虧一簣。

最後引述自己二十六年前的話做為結論，更是凸顯他追求民主自由的歷程真是「一路走來，始終如一」。二十多年的牢獄之災絲毫沒有折損曼德拉的信念與立場；整篇演講可說不亢不卑，十足的民主之聲，鬥士之言。

十、藝術家與政治

The Artist and Politics
瑪蓮娜．梅爾庫里一九六八年演講

《高級英文文摘》（Advanced English Digest）第五期（二〇〇二年十一月二十五日：頁二四－二八。）

瑪蓮娜．梅爾庫里（Merlina Mercouri，一九二五－一九九四）不僅是希臘影劇雙棲的熠熠明星，更是功績卓著的文化部長。除了一九六〇年獲得坎城影展最佳女主角的《癡漢嬌娃》（Never on Sunday）之外，梅爾庫里較為著名的的電影有《大家閨秀》（Stella，一

九五五）、《費德爾》（Phaedra，一九六二）、《土京盜寶記》（Topkapi，一九六四；港譯《通天大盜》）、以及《豔窟大掃蕩》（Gaily, Gaily，一九六九）。一九六七年時，以喬治·帕帕多普洛斯（George Papadopulos）為首的四名上校發動軍事政變，梅爾庫里也因政治理念開始流亡於法國與美國，直到一九七四年軍政府垮台後才返回希臘。她在一九七七年當選國會議員，是後並擔任希臘的文化部長近十年之久（一九八一－一九八九與一九九三－一九九四）。

梅爾庫里的影劇作品如今或許為人淡忘，但其文化主張至今影響深遠。

例一：一九八三年時她在歐盟文化部長會議提倡「歐洲文化之都」（European Cities of Culture；一九九九年改稱European Capitals of Culture）的計畫獲得通過，自一九八五年由雅典首開先河以來，每年「歐洲文化之都」的活動便成為全歐洲的文化盛事（二〇〇二年的「歐洲文化之都」是比利時的布魯日Brugge與西班牙的薩拉曼加Salamanca）。

例二：梅爾庫里長年推動希臘文物歸還運動，尤其是在一九八〇年時將英國掠奪自巴特農神殿（Parthenon）、現藏大英博物館的「埃爾金大理石雕」（Elgin Marbles）歸還問題提昇至政治層面，成為兩國外交爭執的焦點。英國首相布萊爾（Tony Blair，一九五三–）和大英博物館迄今堅持不還，但今年一月倫敦維多利亞與阿爾伯特博物館（Victoria & Albert Museum）館長馬克・瓊斯（Mark Jones，一九五一–）則已建議兩國分享這批文化遺產。梅爾庫里的努力雖然未竟全功，但其生前的執著與堅毅令人聞之動容，如今仍是希臘文物歸還運動的精神所繫：「我希望在死前目睹這批大理石雕回歸雅典；如果在我死後才回來，我一定會復活。」（I hope that I will see the Marbles back in Athens before I die; but if they come back later I shall be reborn.）

梅爾庫里起始即由藝術家的公民身分切入演講的主題，並且立即藉由畢卡索巧妙應答納粹軍官的故事，栩栩如生說明藝術家與政治的關聯。扣住聽眾的注意力後，她隨即數說自己與希臘的遭遇；歷史同時轉化為現時，雋永的軼事頓成切膚之痛。接著她又長串列舉歐美近代藝術家為例，認為他們遭受政治打壓乃因追求自由，繼而隱約肯定藝術不自外於政治、但又超越政治，作為開場的小結。起承轉合之間，可說運用自如。

修辭上有幾點值得一提。其一：所引俄羅斯女孩的話，「My soul they cannot touch」一句，是將普通語法「They cannot touch my soul」的受詞前移（fronting），造成強調顯要（highlighting）的效果；這種語法在詩歌中尤其常見。其二：倒數第二段最後半句提到藝術家「they used their art to uplift, to expose, to protest, to make man better, to make man free」，連續運用五個不定詞，明顯的疊詞法（juxtaposition），層層進逼，終以自由（free）為鵠的作結；連貫一氣，略有錢鍾書所謂「車輪戰法」的意味。其三：同段第二句由Ibsen至Chaplin，總計列舉十二位藝術家的大名，類似的疊詞法洋洋灑灑，對於不識其名者而言，不無「吊書袋」（pedantry）的嫌疑；但是對於熟識的文化中人，或許單單舉名便已俱足，而且名單彷彿一洩千里，頗有政治壓抑綿延不絕、罄竹難書之感。

十一、告別老衛隊

Farewell to the Old Guard
拿破崙一八一四年的告別演說

《高級英文文摘》（Advanced English Digest）
（二〇〇三年一月二十五日，頁一五。）

拿破崙（Napoleon Bonaparte，一七六九－一八二一）在一九一二年揮軍入侵俄國，十二月時深入莫斯科；時值嚴冬，俄國採取焦土戰略，法軍因而飢寒交迫、潰不成軍。拿破崙被迫撤退，途中在普魯士的萊比錫（Leipzig）遭遇英、奧、普、俄同盟（Allies）的聯軍；經過三天戰役，法軍慘敗。一八一四年三月三十日巴黎淪陷；眾叛親離之下，拿破崙在四月六日宣布退位。

四月二十日他啟程前往放逐地——義大利外海的厄爾巴島（Elba）——臨行之前，他在楓丹白露（Fontainebleau）皇宮庭院檢閱他的近衛軍「老衛隊」（Old Guard），發表本篇簡短動人的告別演說。演說出於讓羅克・柯伊內隊長（Captain Jean－Roch Coignet，一七七六－一八六五）的筆記。

拿破崙的皇家衛隊步兵（Infantry of the Imperial Guard）大致依資歷分為老中青三類（Old Guard, Middle Guard, Young Guard）；「老衛隊」有兩團：第一近衛步兵團（1st Foot Grenadier Regiment）與第一追擊步兵團（1st Foot Chasseur Regiment）。拿破崙演說的對象是其中的第一近衛步兵團。

拿破崙的告別辭言簡意賅，情真意摯。他一則嘉許老衛隊的忠誠，一則解說退位的原由。但更重要或許是他將自身的歷史功業與老衛隊緊密結合，彷彿他們是不可分割的共生之體（symbiosis）——法蘭西的偉業是「我們共同完成的」——此語出自帝王之尊的拿破崙，當場的老衛隊想必聞之動容。

拿破崙別後不到一年，在一八一五年三月由千名老衛隊護駕返回巴黎，重登帝位；百日之後，同年六月十八日，最後慘敗於滑鐵盧之役（the battle of Waterloo）——「復辟」（restoration）之舉雖是困獸之鬥，但也見得拿破崙與老衛隊休戚與共的患難真情。

另有版本提到拿破崙在親吻老鷹之後又言：「Ah, dear Eagle, may the kisses which I bestow on you resound to posterity!」（「啊，親愛的老鷹，但願我對你的親吻能傳聲後世！」）惺惺相惜的告別之辭由愛將及於愛禽，更進一步流露拿破崙的英雄情深。

十二、莊嚴的光輝

The Majestic Glow

勞倫斯．奧立佛一九七八年獲奧斯卡榮耀獎致詞

《高級英文文摘》（Advanced English Digest）

（二〇〇二年十一月十一日，頁一五。）

勞倫斯．奧立佛（Laurence Olivier，一九〇七－一九八九）是英國廿世紀劇場與電影藝術上的曠世巨星，尤其是在莎士比亞戲劇的演、導方面，他更是成就斐然。

他在一九四八年以《王子復仇記》（Hamlet）獲得奧斯卡最佳男主角獎，但是從一九三九年的《咆哮山

莊》（Wuthering Heights）到一九七八年的《巴西來的孩子》（The Boys from Brazil），他個人入圍奧斯卡高達十次。

奧立佛在一九六二至一九七三年間出任英國國家劇場（National Theatre）首位主任——目前位於泰晤士河南岸的國家劇場主廳即名為「奧立佛劇場」（Olivier Theatre）。

遠在一九四七年時奧立佛便榮受封爵（knighted），一九七〇年更被晉封為「布萊敦男爵奧立佛」（Baron Olivier of Brighton），成為上議院（The House of the Lords）議員。一九七八年時奧立佛已年屆七一，雖然《巴西來的孩子》未能替他贏得奧斯卡最佳男主角獎，但影藝學會頒予他榮耀獎（Honorary Award），可謂實至名歸。

奧立佛這篇簡短的致詞起首就出語不凡：第一句問候語裡的my very noble and approved good masters（各位尊貴而眾望所歸的好主人），典出莎士比亞名劇《奧瑟羅》（Othello）第一幕第三景，是奧瑟羅稱呼公爵與眾元老的用辭。奧立佛不愧為莎劇名家，順口拈來即是恰如其份的古典今用。第二句是長句，藉由firmament（穹蒼）、eccentric（偏心輪）、star（星球）、majestic glow（莊嚴光輝）等天體意象（celestial imagery）的相關選詞貫穿連綴，直有綿延不絕、氣象萬千之感。

奥立佛細數這些天體的意象，還隱約對應著現場滿座塵世（terrestrial）上的熠熠明星，更可說是天上人間，相得益彰。這篇致詞短小精悍，文情並茂，確有大家風采。

十三、科學追求與人道關懷

歐本海默一九四五年辭職演講

《高級英文文摘》（Advanced English Digest）第三期（二〇〇二年六月十七、十八日，頁一二。）

羅伯特．歐本海默（J. Robert Oppenheimer，一九〇四－一九六七）素有「美國原子彈之父」的稱號，因為一九四五年八月六日與八日落在廣島與長崎的兩顆原子彈，便是他在新墨西哥州羅薩拉默國家實驗室（Los Alamos National Laboratory）領導執行曼哈坦計畫（Manhattan

Project）的成果。兩顆原子彈結束二次大戰，但也在短短數秒之內造成十五萬人以上的死難；如此巨大的傷亡與遺害，對於原子彈的「始作俑者」究竟有何衝擊？他會如何解說？

歐本海默無疑是不世出的天才——他十二歲時就在紐約科學院（New York Academy of Sciences）發表地質學研究報告——但他也並非一帆風順。戰後他一度光環倍增，除了擔任普林斯頓大學高級研究所（Institute for Advanced Study）所長外，還擔任原子能顧問委員會（General Advisory Committee of the Atomic Energy Commission）主席（一九四七－一九五二）。

可是人道關懷也使他不時發表政治言論，乃至公然反對發展核武，招惹多方的質疑。在反共十字軍麥卡錫（Joseph McCarthy，一九〇八－一九五七）參議員當紅的五〇年代裡，歐本海默終於在一九五三年遭受「非美活動調查委員會」（Un－American Activities Committee）調查，扣上聯共、反氫彈等等罪名加以起訴。當時愛因斯坦（Albert Einstein，一八七九－一九五五）曾聯合普林斯頓的二十五位同事大力聲援。雖然入罪未成，歐本海默還是被禁止接觸機密的資料與設備。他在普林斯頓的晚年應該相當「鬱卒」。他在一九六六年退休，隔年死於喉癌。

戰後不久，歐本海默立即辭卸羅薩拉默國家實驗室主任一職，一九四五年十一月二日他向同仁發表辭職演說；此處雖僅摘錄部分，但也足以略窺歐本海默以科學追求為曼哈坦計畫辯護的苦心，以及他在日後續加發揚與堅持的人道關懷。一九四五年八月原子彈爆炸時，德國劇作家布萊希特（Bertolt Brecht，一八九八－一九五六）正在編寫《伽利略傳》（Life of Galileo）；布萊希特事後記道：

「一夕之間，物理學新體系創始人的傳記讀起來都不同了」（Overnight the biography of the founder of the new system of physics read differently）。其不同所在，近乎歐本海默所說的「巨大的精神變化」（an enormous change in spirit）。

在第一段裡，歐本海默肯定限武的獨特目標在於團結和平的世界，也肯定民主與人類共同體的重要性。第二段以南北戰爭初期林肯的智慧為例，說明廢奴並非不重要，但只是「次要問題」，因為關鍵在於聯邦的統一——南北戰爭是因南方七州在一八六一年宣布退出聯邦，另組「美利堅聯盟國」（Confederate States of America），並向北方宣戰而爆發。藉此類比，歐本海默隱約暗示人民的團結與國家的統一優於廢奴的人道考量。

換言之，廢奴——猶如發展原子彈——只是過程與手段。這種類比恰當與否，或許不無爭論餘地，歐本海默顯然有所警覺，因此預先自行解套：希望這是一個「不盡完善的類比」（not a completely good analogy）。

十四、大浩劫的殷鑑

教宗若望・保祿二世在耶路撒冷的演講

《高級英文文摘》（Advanced English Digest）（二〇〇二年二月十八、一九日，頁一六。）

二〇〇〇年三月，教宗若望・保祿二世（Pope John Paul II，一九二〇－）到以色列展開為期一週的歷史性訪問，包括耶穌的誕生地伯利恆（Bethlehem）。教宗在耶路撒冷（Jerusalem）參觀名號紀念館（Yad Vashem），向二次大戰期間慘遭納粹殺害的六百萬猶太人致哀。教宗出身波蘭，而波蘭西南部的奧斯威茲（Auschwitz）更是納粹最大的集中營所在地，死於其中的猶太人和波蘭人就高達三至四百萬。教宗到訪當時的以色列總裡巴拉克（Ehud Barak，一九四二－），其外公外婆也在波蘭的崔布林卡（Treblinka）集中營遇害。陪同參觀的猶太教士（rabbi）梅爾・勞（Meir Lau，一九三七－），其祖父在波蘭猶太人遭受大屠殺時也和若望・保祿二世相識。

若望・保祿二世可能是歷來對猶太人最為友善的教宗。在歷任教宗裡，若望・保祿二世宣告反猶是得罪上帝，訪問羅馬的猶太會堂，在梵蒂岡紀念猶太人遭受大屠殺，主張猶太人有權回歸古老的家園，認為猶太教是基督教的先驅等等，尤其在一九九三年承認以色列國——雖然不包括承認耶路撒冷為其首都——都是開創先河之舉。可是，若望・保祿二世以七十九高齡的孱弱之軀親臨耶路撒冷，在名號紀念館獻花、點燈，並發表本篇演講，結果還是爭議四起。其因安在？先看看演講本身。

本篇演講開宗明義，以詩證道，引用面臨災難時常被藉以禱告堅定信仰的詩篇，強調人類相殘是信仰淪喪的結果，再三申述猶太人所承受的苦難浩劫、以及基督徒與猶太人擁有共同祖先與傳統等等，衷心祈求和平，可說情真意摯。

但是以色列人仍有異議，焦點在於：其一、若望．保祿二世畢竟希望和以色列與巴勒斯坦解放組織保持等距外交，和雙方也都曾簽訂協議，因此這次未能宣告耶路撒冷為以色列的聖城，使許多猶太人深感不滿。其二、羅馬教會在大戰時期未能充分援助猶太人，當時的教宗庇護十二世（Pope Pius XII，一八七六－一九五八）雖然贊成以色列立即建國，但也主張將聖城耶路撒冷國際化；更糟糕的是，他明知集中營的事，竟然從未公開反對此一滅絕猶太人的計畫。如今教宗若望．保祿二世難得親臨耶路撒冷，是否應該為前人的冷漠對猶太人正式道歉（apology）？講詞顯然未如預期。因此，雖然有人認為若望．保祿二世已經跨越而彌合了基督教與猶太教的鴻溝，但也有人深表遺憾，甚至有人譴責他在替教宗庇護十二世宣福（beatify）。可是，以上兩點，教宗能說嗎？說了，巴勒斯坦人和梵蒂岡會有何反應？說與不說，言（language）與默（silence），都有不同的詮釋空間，想必也是若望．保祿二世面臨的兩難（dilemma）。

本篇演講的語言還算簡易平實，其中有幾個小地方值得注意。第二段連續以Silence開頭的三個非句子（non-sentence），口語上的語法可視為第一句的延續，亦即緊接第一句結尾…… for silence, silence in which to remember, silence in which to try to… …, silence because there are ……重複（repetition）與平行結構（parallelism）的修辭自有強化（reinforcement）的效果；但形諸文字時分隔成三個非句子，語氣的停頓與視覺上的斷裂感更使前述的強化作用產生加成之功。

　　另一點是，演講提到猶太人慘遭納粹的「大屠殺」，使用的Shoah與Holocaust兩字，其實語意有別：較為流行的用法holocaust源於希臘字根holo (whole) + kauston (burnt)，原指祭祀之後需將祭品犧牲「全部焚燒」，深具宗教意涵的合理性、甚至神聖性。依此觀之，Holocaust一詞雖然直指納粹集中營設置焚化爐焚燒猶太人一事，但原文的宗教意涵卻又隱含納粹暴行的正當性，因此對猶太人的苦難實為一大侮辱。難怪許多解經（hermeneutic）意識強烈的猶太人極力排拒Holocaust，傾向以希伯來文的Shoah（大混亂、絕滅）稱呼納粹的暴行，強調其慘絕人寰的災難性。這一點差異，教宗不知有無意識到？若無，那是否又在無意之中傷了部分猶太人的心？

十五、搶攻懸崖的男子漢

Men Who Took the Cliffs

雷根的諾曼第登陸四〇週年演講

（U.S. Ranger Monument at Pointe du Hoc）

《高級英文文摘》（Advanced English Digest）第四期（二〇〇二年十月：頁一六—一九。）

第二次世界大戰最大的轉捩點，無疑是D-Day（D = designated）、亦即一九四四年六月六日盟軍在諾曼第（Normandy）發動的大規模兩棲作戰行動（代號Overlord「大君」）。反攻的首波行動由美國第二突擊營（2nd Ranger Battalion）D、E、F三個連（Companies）二二五位士兵執行，任務是摧毀德軍七二六步兵團（the 726th Infantry Regiment）部署在歐戈角（Pointe du Hoc）的六門一五五釐米大砲。這六門大砲射程十英哩，牢牢控制歐戈角兩側的猶他（Utah）海灘與歐瑪哈（Omaha）海灘。突擊隊員在歐瑪哈海灘登陸，冒著槍林彈雨攀上高達八五至一〇〇英呎的懸崖，完成任務。

隨後在諾曼第長達八〇公里的海岸，當天即有十三萬名盟軍登陸，傷亡一萬人。激烈戰鬥三週之後，六月二十七日盟軍佔領瑟堡（Cherbourg）。八月二十五日解放巴黎，九月二日解放布魯塞爾，九月十二日盟軍越過德國邊界。隔年五月七日德國無條件投降。

本篇是美國總統雷根（Ronald Reagan—）一九八四年六月六日在歐戈角美國突擊隊紀念碑（the U. S. Ranger Monument）前的演講。講稿出自珮姬·努南（Peggy Noonan）之手。當天在場的除了昔日參加登陸作戰的老兵，還有英國女王伊莉莎白二世（Elizabeth II）、荷蘭女王貝亞翠克絲（Wilhelmina Armgard Beatrix，）、挪威國王歐拉夫五世（Olav V）、比利時國王博杜安一世（Vaudouin I）、盧森堡大公讓（Grand Duke Jean of Luxemburg）以及加拿大總理杜魯道（Pierre Elliott Trudeau）。

本篇演講的主旨在頌揚諾曼第登陸中突擊隊員的勇敢與犧牲。演講中詳細數說當年突擊隊員搶攻懸崖的艱困過程，一則勾起現場老兵的回憶，二則激發其他聽眾具體的想像，使得頌揚不致流於空泛之詞，而是生動的描述。演講繼而設問當年的少年何以甘冒生命危險，有此乾坤一擲的義舉？最後肯定犧牲的精神乃是基於堅定的信心與愛心：信仰自由，而且願意奉獻生命助人自由。演講兩度悄悄提及抗拒「專制」（tyranny）的精神，前後呼應，強調反抗專制的必要與重要，同時隱約反映雷根堅定的反共立場——一面稱頌過去，另一面激勵將來，可說今昔互融，近乎羚羊掛角，不落痕跡。

另外一點值得注意：本篇演說自始至終從未提及德國或納粹的字眼，非不得已提到德軍時，也不是用German soldiers，而是用enemy soldiers；遣辭用字刻意避免傷害德國人民的感情，不可不謂心思細膩。修辭之道亦見人情之理。

十六、悍將之風

巴頓將軍的部隊訓話

《高級英文文摘》（Advanced English Digest）
（二〇〇二年四月八、九日，頁一六。）

看過一九七〇年名片《巴頓將軍》的人，對於法蘭克林・夏夫納（Franklin Schaffner，一九二〇－八九）執導、喬治・斯科特（George C. Scott，一九二七－）主演的悍將角色，想必印象深刻。

巴頓將軍（General George Patton，一八八八

五－一九四五），出身西點軍校，二次大戰期間無疑是盟軍戰功彪炳的指揮官。一九四二年盟軍攻克法屬北非，他就居功厥偉。一九四三年任第七軍司令，攻佔西西里島。一九四四－一九四五年盟軍反攻期間，他帶領第三軍橫掃法國，渡過萊因河，進軍捷克。一九四五年十二月在德國因車禍喪生。此處所選三篇講詞短小精悍，是一九四三年與一九四四年間巴頓在英法兩地對軍隊的「訓話」——可謂言如其人，悍味十足。

悍將巴頓的演講最明顯的特徵或許是不忌粗話乃至褻瀆之言，尤其是goddam一語幾乎成為他掛在嘴邊的口頭禪（byword）。在修辭學上，這種字眼稱為「否定強調辭」（negative intensifier），具有加強語氣的功能，在此處的演講裡更可以藉此拉攏將軍與士兵的距離。巴頓粗則粗矣，實際上有其細膩之處。

巴頓的細膩在第一篇就顯露無遺。開頭自稱不該坐困英倫，是以低調（understatement）說法反襯其實際戰鬥的慾望與決心。後半明告士兵：今日參戰，來日足以自誇，如未參戰，則戰後含飴弄孫時可能有尷尬場面，是鼓舞之言兼激將之法——這段話令人想起莎士比亞歷史劇《亨利五世》（Henry V）第四幕第三場英法決戰前，亨利五世訓勉官兵的話：生還者來日可「撩起衣袖，以傷疤示人」（Then will he strip his sleeve and show his scars），而此時安臥家園的人「將會自認該死未能躬逢此役」（Shall think themselves accurs'd they were not here）。一白一文，今古呼應。

在第二篇演說裡，巴頓一則為自己的嚴厲作風辯護，一則抨擊但求平安的保守戰術，進而提出他膾炙人口的口號L'audace, l'audace, toujours l'audace! 這項口號典出法國大革命期間激進派領袖旦通（Georges Jacques Danton，一七五九－一七九四）的名言De l'audace, encore de l'audace, toujours de l'audace!「大膽，再大膽，永遠大膽！」而且喊得更為簡潔有力。

第三篇是巴頓歡迎七六一「黑豹」戰車營（the 761st 'Black Panther' Tank Battalion）的致詞，其中除了粗話依舊外，在用詞上倒是有個關於「一致」（concord）的問題：Everyone has their eyes on you and are expecting great things from you一句裡，everyone（或everybody）語意實指多數，依據「近似原則」（proximity principle），此處代名詞用their亦可；但其後的be動詞用are，則屬「隨談」（casual speech）的語誤，一般視為不合文法（ungrammatical）。就英語學習而言，這個小小的語誤，應該是「可以理解，不足為法」。但瑕不掩瑜。本篇演說旨在鼓舞外籍兵團，不假多言，最後短短一句If you want me you can always find me in the lead tank尤其劃龍點睛。巴頓嚴於責人，也嚴於責己。將軍身先士卒，士卒能不效命？

巴頓的演講粗中有細，時而俗中寓典，可謂褻瀆化為美藝（profanity raised to a fine art）的獨特典型。其人其言，或可以「別裁」視之。

十七、拒絕恫嚇

Refuse to be Intimidated

凡妮莎．雷格烈夫一九七七年獲奧斯卡最佳女配角受獎致詞

《高級英文文摘》（Advanced English Digest）
（二〇〇二年十一月十三日）

凡妮莎．雷格烈夫（Vanessa Redgrave，一九三七—）出身演藝世家，影劇雙棲，也是旗幟鮮明的左派藝人。她同情卡斯楚的革命，在一九六二年親訪古巴。她反越戰，一九六七年時促使英國的《時報》（The Times）刊登四頁的反越戰廣告。一九七四年她在好萊

塢演講馬克思主義，為倫敦的左派學校募款。

美國劇作家田納西・威廉斯（Tennessee Williams，一九一一－一九八三）譽之為「我們當代最偉大的女演員」（the greatest actress of our time）。她丈夫東尼・理查森（Tony Richardson）說「她的敵人恨她；她的朋友不喜歡她」（her enemies hate her, and her friends dislike her）。但一般公認她是「最典型的六〇年代女演員」（the most archetypal '60s actress of all）。

一九七七年時，凡妮莎更因參與紀錄片《巴勒斯坦人》（The Palestinians）演出，受到猶太激進份子大力抨擊，而在她以《茱利亞》（Julia）一片入圍奧斯卡最佳女配角（Actress in a Supporting Role）後，圍剿聲浪益形澎湃。因此，獲頒奧斯卡最佳女配角時，她全力反擊。她的受獎致詞可能是歷年來最受爭議的，因為她一反常理，把她個人的政治信仰當成致詞的重點，大肆發揮——有人稱之為「謾罵」（diatribe）。

頒獎會場外有二百名巴基斯坦人為她聲援，但也有二十名猶太防衛聯盟（Jewish Defense League）成員在焚燒她的芻像。她致詞之後，隨之上場的頒獎人猶太裔劇作家派迪・柴耶夫斯基（Paddy Chayefsky，一九二三－一九八一）忍不住大加撻伐：「我感到噁心，也厭惡有人利用影藝學會的頒獎來傳播個人的宣傳」（I'm sick and tired of people exploiting the Academy Awards for the propagation of their own personal propaganda）。內外場面可說極為火爆。以下是她火爆的一段致詞。

「親愛的同仁，非常非常感謝你們對我的作品的這份讚賞。我認為珍・芳達和我完成了我們一生中的最佳作品，我向你們致敬，也讚揚你們；我認為你們應該非常自豪，在過去幾個星期，你們堅定立場，拒絕一小撮錫安主義無賴的威脅恫嚇，他們的行逕汙辱了全世界猶太人的聲譽，汙辱了他們反抗法西斯主義與迫害的偉大的、英勇的奮鬥紀錄。我向各位發誓，我會繼續對抗反猶主義與法西斯主義。謝謝大家。」

十八、俄羅斯的恥辱與教訓

葉爾欽總統在末代沙皇葬禮的演講

《高級英文文摘》（Advanced English Digest）
（二〇〇二年五月二十二日，頁一二。）

俄羅斯的羅曼諾夫王朝（Romanov Dynasty）自一六一三年米哈伊爾．羅曼諾夫（Michael Romanov，一五九六－一六四五）獲選為沙皇起，至一九一七年尼古拉二世（Nicholas II Romanov，一八六八－一九一八）宣告退位，前後三〇四年。尼古拉二世係於一八九五年登基。一九一七年二月革命（俄國舊曆凱撒曆Julian Calendar為二月，實際是西曆三月八日）之後，他被迫在三月十五日（舊曆三月二日）簽字退位。一九一八年七月十七日全家（包括皇后、五名子女、兩位御醫）在葉卡捷琳堡（Yekaterinburg）被布爾雪維克（Bolsheviks，俄文原意「多數派」）革命衛隊處決，屍體棄置在當地礦坑——下令者一般推測即是列寧（Vladmir Lenin，一八七〇－一九二四）。

尼古拉二世雖然公認是平庸之君，但一九九一年蘇聯瓦解後，白俄對於尼古拉二世的追憶化為具體行動，甚至有人提倡為其封聖（canonization）。一九九八年七月十七日的葬禮在聖彼得堡（St. Petersburg）的彼得與保羅大教堂（Peter and Paul Cathedral）舉行。葉爾欽（Boris Yeltsin，一九三一－）總統的致詞並未替他封聖，但尼古拉二世死後整整八〇年終得國葬，依然是俄羅斯歷史上的一大平反事件。

以葬禮致詞而言，葉爾欽總統的演講頗為特殊，因為其內容旨在為歷史悔罪，不在替死者褒揚。講辭簡短有力，一則為沙皇遭受屠殺提出官方的道歉（official apology），一則倡導非暴力時代的來臨。共產主義的意識形態土崩瓦解之後，俄羅斯也確實必須向舊歷史尋求認同。藉由國葬的儀式（ritual），葉爾欽以領袖的公開懺悔獲致舉國上下的集體贖罪（collective atonement）——而此處的atone（贖罪）亦即at one（一致、同體），更是事關「國族統一」（unity of the nation）。

但本篇演講也不無歷史的嘲諷：一九七七年時，蘇聯的政治局（Politburo）唯恐尼古拉二世殉難所在的房屋日後成為紀念之地，下令將其夷為平地；而當年執行此項命令的人，正是胸懷壯志的熱情黨工，葉卡捷琳堡（一九二四至一九九一年間改稱Sverdlovsk，斯維爾德洛夫斯克）的共黨書記葉爾欽。這段插曲也為葉爾欽的道歉添加一點個人的色彩——「身為個人與身為總統，我都必須到場」。

十九、童年往事

狄倫·托瑪斯的〈聖誕雜憶〉

《高級英文文摘》（Advanced English Digest）（二〇〇二年一月十二日，頁一六。）

狄倫·托瑪斯（Dylan Thomas，一九一四－一九五三），英國詩人，生於威爾斯（Wales）南方的港口城思望西（Swansea）。托瑪斯初為記者，一九三四年以《詩十八首》（Eighteen Poems）一舉成名。

其後名作包括一九三六年的《詩二十五首》（Twenty Five Poems）與一九五三年的劇本《奶樹林

下》（Under the Milk Wood）等。托瑪斯嗓音渾厚、富於磁性與節奏，曾為英國廣播公司（BBC）朗誦自作，三度旅美時也屢屢舉行朗誦會，極受歡迎。後因嚴重酗酒，以三九歲英年早逝於紐約聖．溫生醫院（St. Vincent Hospital）。

本篇〈聖誕雜憶〉（Memories of Christmas）節錄自一九五四年出版的《大清早》（Quite Early One Morning）。文中前半回憶童年聖誕節的遊戲、禮物、鄰居的火災等等，饒富鄉土色彩。此處節錄其後半描述雪地出遊的情景，尤其充滿童騃式的豐富幻想。

第一段整段是一個句子，簡短的And I remember之後，連接詞that引出的冗長子句，又可分成兩半：前半以when起始的從屬子句（subordinate clause）描述長輩的「坐而言」，由snowbound到kissing-under-the-mistletoe連續運用的幾個複合詞（compound word），愈來愈長，突顯其言之冗長無聊；後半以I would go out為開頭的主要子句（main clause）則是敘述者「起而行」的鮮明對照，以實際行動抗拒長輩的嘮叨，捨棄室內的爐火而投入戶外的風雪，充分反映青春年少的生命力。

擺脫長句與長輩之後的對話與行動立即顯得簡短輕鬆，彷彿由封閉的陳舊世界進入開闊的想像空間，有如釋重負之感。以下雪地探險的描述展現兒童觀看世界的不同視野

（perspective），想像力十足：河馬、雪餅、Daniel與spaniel的諧語、海魚眼中的天空、聖伯納狗、荒唐的鬼故事等等，都是由現前景物引發的聯想，卻又構成另類的奇幻世界。

值得注意的是：文中的描述屢次運用換喻（metonymy）的手法，將想像與現實直接轉換。例如：Iron-flanked and bellowing he-hippoes …… the scudding snow towards即是借用童話中鐵甲武士加上河馬的形象狀述凜冽的風雪。又如：The silent one-clouded heavens drifted on to the sea描繪海魚觀雪，借用形如層雲的天空代替漫天的飄雪，因此飄雪落海猶如天空崩塌。純熟的換喻手法造成實幻交融的景象，十分鮮活。

卷十三

《文學理論導讀》翻譯經過

譯序／吳新發

本書的翻譯是基於三項緣由。其一，在介紹文學理論的著作中，本書夾敘夾議，不僅剖析論述明確，而且批判立場鮮明，是文學理論極佳的入門書籍。其二，目前有些譯本訛誤頗多，有誤導學子之虞。其三，書林已獲原出版社授權翻譯。翻譯工作是筆者留英期間斷續完成。

其間因為部分章節的疑點，筆者曾往牛津向伊果頓本人討教，地點就在原出版社Blackwell書店門市部旁的King's Arms酒館。伊果頓侃侃而談，不僅涉及東歐變天後馬克思主義文學批評的難題，也提到他個人往後的計劃——除了一九九二年可能再出版一部以愛爾蘭為背景的劇本，研究重點則轉向以殖民主義理論處理愛爾蘭文學。鑑於本書原著已出版多年，筆者趁便請伊果頓增補書後所列參考書目，並為此中譯本寫一前言，伊果頓慨然允諾。因此，伊果頓非但在其前言略述文學理論的最新發展，也使本書的參考資料較原著更為完備。在此僅向伊果頓致萬分謝意。筆者翻譯本書，是起於兩年前暑假返國探親時受正隆兄所託。由於個人學業與往返校稿種種因素，拖延甚久，在此也向正隆兄致歉。書中譯文或有疏忽欠妥之處，若有方家不吝指正，十分感激。

▲文評家伊果頓師承乃師威廉斯（圖左）的衣缽，是旗幟鮮明的馬克斯主義者

《文學理論導讀》簡介

本書風格平易近人、內容深入淺出，為英國文學理論家伊果頓針對各階層讀者的需求，精心設計撰寫的理論入門書，目的在打破菁英主義，使文學理論能普及於大眾。本書從文學的定義及文學研究談起，分別就現象學，詮釋學、接受理論、結構主義與符號學、後結構主義、心理分析、政治批評等理論，詳述其思想背景、中心論述，以及對文學研究所造成的衝擊和影響。在第二版新增的〈後記〉中，作者從九〇年代的觀點，重新檢討文學理論自一九七〇年代以來的演變，對於理論與全球文化變遷的關係有極為深刻的剖析。

泰瑞．伊果頓（Terry Eagleton），一九四三年生，現於牛津大學聖凱薩琳學院擔任渥頓英國文學講座教授。早年於劍橋大學三一學院研讀，師事文化研究學者雷蒙．威廉斯（Raymond Williams），二十一歲即取得博士學位，被視為繼威廉斯之後英國最重要的新馬克思主義文學理論家。近年重要著作有The idea of Culture (2000)、Marx: The Great Philosophy (1999)、Criticism and Ideology: A Study in Marxist Literary Theory (1998)等。

Yeats）、喬埃斯（Joyce）、史頓（Sterne）、謝里頓（Sheridan）、高德史密斯（Goldsmith）、博克（Burke）、蕭伯納（Bernard Shaw）一干人如果悉數回歸祖國，英文系不在英國文學之外另闢一門愛爾蘭文學，成嗎？英國文學不僅本質遭受質疑，其所僭奪的文學——和大英博物館擄掠來的收藏一樣——也該歸還。民族「文學」可以舉世共享，「民族」文學不可不先定位。

難得本書獲取授權在台灣發行，我請他寫一篇〈中文版前言〉，他爽朗答應。得寸進尺。此書出版多年，附錄的推薦書目應該增補新近的參考資料。他也即口應允，並說可以在〈前言〉裡約略補充他對新近理論發展的看法。所以，此一中譯本竟然變得比原版還充實。

一個小時匆匆過去。伊果頓未提〈前言〉版權，當然是他的。書林該不該另付稿費，譯者不敢越俎代庖。臨別請他在書上題個字留念。我送他一罐烏龍茶。步出酒館，他走上街頭，我轉入書店。

我現在還擔心，他泡烏龍茶時會不會添加蜂蜜牛奶？

那管不著了。文學本來也沒有一定的讀法。

▲本文作者與伊果頓英倫合影

添加蜂蜜牛奶的烏龍茶：我與伊果頓的一段書緣翻譯《文學理論導讀》的故事。（1993年4月25日發表於自立早報）

伊果頓中文版序言

Terry Eagleton's Preface for *Literary Theory*, Taiwan Edition

Since this book was first published in 1983, there have been a number of important developments in the field of literary theory. The current of theory known as deconstruction, and associated chiefly with the work of the French philosopher Jacques Derrida, has waned somewhat in influence, while feminist literary theory in particular has made some major advances. Structuralism is now definitively over as an intellectual movement, whereas psychoanalytic and semiotic criticism continue to flourish in the West. The 1980s saw the rise of a new critical movement known as the 'new historicism', chiefly associated with certain American critics and powerfully influenced by the work of the French philosopher Michel Foucault. But that, too, is now fading somewhat, and nothing has really replaced it. Marxist criticism, as with Marxist theory in general, found itself much on the defensive during the era of Reagan and Thatcher, when a notable shift to the political right marked almost all of the Western societies; and Marxism has of course encountered further problems in the West with the collapse of the Soviet empire. It should be pointed out, however, that few Western Marxist theorists since the 1930s have entertained any illusions about the nature of the Stalinist regimes of the East, so that to this extent Marxist thinkers in the West have been more discomforted than disillusioned.

Over the past few years, particularly in the United States, literary theory has become a target for attack by a number of conservative academics and politicians. Indeed, so intense have some of these assaults been, and so vigorous the contentions associated with them, that one might claim that the university campuses in the USA have become once again 'politicised' for the first time since the 1960s. The politicisation is in no sense as militant and widespread as it was in that former period; but, now as then, it has centred largely on the role of the so-called 'humanities' in advanced Western capitalist societies. Literary theory has been seen as posing a threat to a certain traditional conception of the humanities — namely, to the assumption that the humanities, and perhaps literature in particular, express and encapsulate what might be termed 'universal' human value, or an 'essence' of humanity. Those social groups in the USA and Britain currently excluded in part from full political power— notably women and members of ethnic minorities — have challenged the supposed 'universal' nature of the values embodied in the literary canon, drawing attention instead to the biased, limited and parochial nature of what the white Western male academy sees, unproblematically, as 'great' works of literature and art. At the root of these literary debates, then, are a set of much more fundamental questions about Western political society as a whole, which is becoming increasingly 'multicultural' in character, where feminism is still a strong political force, and where the traditional ideological consensus to which 'literature' has belonged can thus be seen to be collapsing. Important literary debates are in my view always about more than the merely literary; and that this is so well exemplified by the current conflicts, especially in the USA, between 'theorists' and 'humanists'. It is hardly an exaggeration to say that literary theory is now playing its part in challenging a whole traditional conception of 'national identity'; and if it is important at all, it is important for these kinds of political reasons, rather than simply as part of an abstract, academic enquiry. In the world of multinational capitalism, many traditional national identities feel themselves threatened and under siege; and in this situation conservative critics will appeal to their national literatures as a bulwark against such cosmopolitan influences. If this literature then itself appears to be threatened, by those theorists who offer to demystify, deconstruct, historicise, or 'feminise' it, a political and intellectual crisis is bound to ensue. I welcome the fact that, in the midst of these important debates, my book has become available in Taiwan — a society which can surely recognise, in its own fashion, many of these problems. They are problems of common concern; and I am delighted to have this opportunity of sharing my thoughts on these questions with a wider audience.

T. E.

伊果頓中文版序言／吳新發譯

《文學理論導讀》封面之二

自從一九八三年本書初版以來，文學理論的領域已有許多重要的發展。以法國哲學家德希達著作為主的所謂解構理論潮流，影響力已經有點消隱；女性主義文學批評卻有些重大的進展。結構主義做為一項知識運動，目前確實煙消雲散了；心理分析與符號學批評在西方則持續蓬勃。一九八〇年代興起一項新的批評運動，稱為「新歷史主義」，牽涉的主要是某些美國批評家，而且受法國哲學家福寇的著作影響極深，但如今也多少在消退之中，目前則還沒什麼真正取而代之的東西。在雷根與柴契爾的時代，幾乎所有的西方社會都顯著轉向政治右派，馬克思主義批評，猶如一般的馬克思主義理論，大為屈居守勢；蘇維埃帝國崩潰之後，馬克思主義在西方當然遭遇更深的問題。然而，必須指出的是，自從一九三〇年代以降，極少西方馬克思主義理論家對於東方史達林主義政權的本質懷有任何幻想，因此，在此幅度之內，西方的馬克思主義思想家是心有戚戚，而非幻想破滅。

過去幾年裡，尤其在美國，文學理論一直是許多保守學府與政治家攻擊的目標。這類攻勢有些十分強猛，而且相關的論戰也很激烈，乃至我們可以說，自從一九六〇年代以來，美國的大學校園再度「政治化」了。這回的政治化並非像前一時期那麼富於戰鬥氣息和廣泛披靡；可是，今昔如一的是，焦點大多集中於所謂「人文學科」在先進西方資本主義社會中的角色。對於某種關於人文學科的傳統觀念——亦即，認為人文學科，也許特指文學，表現與包納了或可稱為人的「普遍」價值，或人類的「本質」——文學理論始終給視為威脅這種假說。在美國和英國，目前被局部排除在充分政治權力之外的社會團體——特別是婦女和少數種族的成員——已經向體現於文學的種種價值觀而給假定為「普遍」的本質提出挑戰，轉向西方白種男性的學院認為無可置疑的「偉大」文學與藝術作品，注意其中偏頗、局限、而狹隘的本質。所以，這些文學論戰的根源，是關於西方政治社會整體一系列更為基本的問題。這個社會正不斷顯出「多元文化」的特徵，其中女性主義依然是一股強有力的政治力量，因而，「文學」所隸屬的傳統意識形態共識，可說是正在瓦解。個人認為，重大的文學論戰永遠不僅關係純文學的東西；其所以如此，極佳的例證就見於目前，特別是在美國，「理論家」與「人文主義者」之間的衝突。文學理論當今扮演的角色，即在朝關於「民族認同」的整個傳統觀念挑戰，這並非什麼誇大之辭；文學理論假如有何重要，其重要就是由於這類政治原因，而非僅是某種抽象、學院派研究的一部分。在多民族的資本主義世界裡，許多傳統的民族認同有遭受威脅與四面楚歌之感；在此情況下，保守的批評家會訴諸他們的民族文學，將之當成抗拒世界主義影響的堡壘。這種文學如果本身顯得遭受理論家威脅——他們要拆解其神話、將其解構、歷史化、或「女性化」——隨之而來的必然是一場政治與知識的危機。在發生這些重大論戰的時刻當中，個人欣然見到本書已在台灣通行——台灣的社會一定可依自身的方式辨識出許多此類問題。這些都是普受關注的問題，我樂於有此機會與更廣泛的讀者分享個人在這些問題上的看法。

T. E.

卷十四　其他作品

一九七七　木材場裡的鳳凰樹，新生報副刊，筆名風凌渡，一九七七年八月四日。

一九七八　尤金奧尼爾與道家思想（翻譯夏安民著《*The Tao and Eugene O'Neill*》第五章），師英文風，文化復興節特刊，頁三七－四七，高雄師範學院翻譯研究社，一九七八年十一月十二日。

一九八一　中國現代文學的現代主義—文學史的研究兼比較，李歐梵著，吳新發譯，現代文學復刊號第一四期，頁七－三三，一九八一年六月。

一九八八　楊司小說《惡靈》代序，尚哲出版社，一九八八年八月。

一九九三　生命之旅的變奏—評白家華的八首詩，幼獅文藝三月號，頁一〇七－一一〇，一九九三年三月。

一九九三　熱帶種子顏艾琳（附簡政珍簡介與原詩），幼獅文藝九月號，總號四七七，頁一〇七－一一〇，一九九三年九月。

一九九四　非情世界—試論《林亨泰詩集》與《爪痕集》，一九九四年六月。原刊於《聯合文學》五卷八期，一九九三：四〇－四六。

一九九四　詩意勝於劇力—評《和死神約會的一〇〇種方法》，時代文學週刊，中時晚報，一九九四年七月十七日。

一九九七　戲劇中的聖女貞德—席勒、蕭伯納、阿努伊，「人物、傳記、影視史學研討會」論文，頁一－二四，國立中興大學歷史系，一九九七年五月十八日。

一九九七　虛構的真實，《中央副刊》訪談，雲桐整理，一九九七年十月十日。

二〇〇二　戲謔性的顛覆策略—《牡丹亭》中的科諢與情慾，第三屆通俗文學與雅正文學研討會論文集，頁三一三－三三七，中興大學中國文學系，二〇〇二年七月。

二〇〇二　非關男女—浪漫悲劇《蝴蝶君》，陳進成暨孫淑惠教授退休紀念文集，國立高雄師範大學英語學系，頁二六二－二七八，二〇〇二年十二月。

二〇〇三　定點浮動的期盼—試析簡政珍的《失樂園》，二〇〇三年五月。《台灣詩學》三一期〔二〇〇〇年六月〕：頁八四－九三。

二〇一〇　「A terrible beauty is born」M. Butterfly as a Romantic Tragedy, volume 1 number 1, pp. 66-82, June 2010, *Asian Journal of Arts and Sciences,* Department of Foreign Languages and Literature, Asian University, Taiwan

二〇一一 「Father, don't you see I'm burning?」: The (Un)Staged Terrors in Schiller's The Maid of Orleans, Shaw's Saint Joan, and Anouilh's The Lark, volume 2 number 1, pp. 93-114, June 2011, *Asian Journal of Arts and Sciences,* Department of Foreign Languages and Literature, Asian University, Taiwan

二〇一三 To be or not to be—The Terror (Un-)Masked and the Dialectics of Form and Content in Bertolt Brecht's The Measures Taken Intergrams 14.1(2013): http://benz.nchu.edu.tw/~intergrams/intergrams/141/141-wu.pdf, ISSN: 1683-4186

二〇一五 Living on the Edge: The Mise-en-Scène and the Marginialized Self under the Reign of Terror in Georg Büchner's Danton's Death, Intergrams 15.2(2015):http://benz.nchu.edu.tw/~intergrams/intergrams/152/152-wu.pdf, ISSN: 1683-4186

卷十五　油畫創作

枯木逢春

向前有路

林間小路

溪頭大學橋

靜物

卷十六　後記：你一直都在我們心中

你一直在我們心中

佛光大學講座教授
前國立歷史博物館館長　**張譽騰**

老吳走三年了，民國七十二年結識到他一〇五年過世，三十三年交往，彷彿一瞬。

老吳過世後，我如果回到南投都會到他家探視月嬌，召集舊時牌友一面打牌，一面回憶他生前種種，和阿嬌商量後，起了編輯這本紀念集的念頭。這本紀念文集除了親友的懷念文章外，是以老吳生前親自整理的文章和照片為基礎，大致依年代排序，希望能約略展佈他在求學、為學、寫作、翻譯和生活過程的一鱗片爪。在此誠摯感謝大家熱情參與，由於僅就目前能夠聯絡到的親友邀稿，相信一定還有許多遺漏，因為時間關係，只好從缺，謹此致歉。

我和老吳曾經是十年隔壁鄰居，見證了牧錞出生，勵君成長，一起度過許多喝茶、抽煙、聊天、出遊、吃飯、飲酒、打牌的流金歲月。兩家一起出遊，老吳開車，童年時代的牧錞喜歡跟我擠在前座，警察出現趕緊躲著，之後大家一起哈哈大笑。民國七十七年，我和老吳相約英國留學，我先到一年，他初抵倫敦我去接機，兩人一起在倫敦逛書店，路不熟，到處尋找小劇場看戲。有一晚他看戲入神，護照掉了，經過一番折騰，終於在座位旁空隙找到，失而復得，我倆大大鬆口氣的情景，迄今歷歷。阿嬌帶勵君、牧錞來英團聚後，老吳全家住在倫敦近郊小鎮Egham，幾乎每半個月兩家都會聚在一起度週末、逛跳蚤市場或到英國各處旅遊。有一次到湖區途中，遇初雪如米粒，大夥衝出車外捧雪，牧錞還用老吳帽子裝了一些

帶回車上。因為兩家大大小小都愛看書，我們最常去的是威爾斯書城Hey on Wye，每次總是滿載而歸，歡笑盈車。

追憶似水年華，當年初雪早已溶化，那些書也不知道到哪裡去了，留下的是無數溫馨的回憶。夜半夢迴，往事如煙，人生最歡樂的時光，許多是跟老吳一起度過。民國一〇五年中秋，我們還在一起吃飯打牌，十月他就突然走了。

老吳身高和我相若，體重則足足多了四十公斤，他面貌粗獷，狀如屠夫，笑聲爽朗，事親至孝，對親友慷慨大方。我多次目睹他不辭勞煩在雲林東勢老家和南投之間兩地奔波，接送老父情景。小女若琦生日，最大紅包總是老吳給的，他過世時，若琦從紐西蘭威靈頓來信致意，一直忘不了吳叔叔當年的generosity。我的親戚倒會，據說他損失數十萬，從未對我說過隻言片語。我在英國搬新家，他遠從台灣前來致賀，在燈籠上幫我用毛筆書寫入厝賀詞，沉甸甸的行李打開，足足一半以上是一包包的黑橋牌香腸，現在想起來還是很替他擔心，他是怎麼過海關的？

老吳心細如髮，理性中充滿感性，高中時代開始抒情寫作，中年除了追求學問也喜歡翻譯，晚年興趣廣泛，練書法、撰春聯、蒔花、畫油畫、完全是一派文人性格。

黃聰和老師是老吳雲林東勢國小和初中同學，我去邀稿時，他在電話中提到他和老吳一世知己，數次泣不成聲，他說這篇文章義不容辭應該要寫，但就是寫不下去。聰和告訴我，老吳去世前幾個月，一直遺

左起：黃聰和、吳筱梅、林月嬌、吳新發、鄭冠榮

黃聰和（左一）吳新發（左二）

憾沒能各留一間房子給兒女。老吳，您就別再操心了！勵君和牧錞現在工作順利，都已經自己買房子了。

王俊三教授是老吳中興大學和亞洲大學外文系多年同事，也是多次催請，無法啟筆，一再告訴我不要等他了。俊三兄說書寫是招魂儀式，也是哀悼的最後階段，他哭不出來，寫不出來，只是不斷的想，心中的捨不得，是拒絕安魂的。他想告訴老吳的是：很想和他再一起去爬爬東卯山，今生今世已不可能，只好一個人爬，盼望來日幽路相逢時，老吳能為他再清唱一曲新莊街。

情到深處，無法形諸筆墨，這種心情我約略理解，因為在編輯過程中，我也是數次控制情緒，告訴自己，為了紀念這位可愛可敬的朋友，留下他在世上的雪泥鴻爪，一定要勉力完成。

蘭亭序有言：「向之所欣，俯仰之間，已為陳跡，猶不能不以之興懷；況脩短隨化，終期於盡。」老吳在運動沐浴更衣後在睡眠中物化，我希望自己也能像他一樣走得這麼瀟灑自然。

「何當共剪西窗燭，卻話巴山夜雨時」，期待黃泉路上能夠和他相見，共敘別後。如果還能找些老牌友，一面打牌，一面漫談學問，隨興議論時事，聽一聽老吳在自摸時拊掌大笑道：「我真是太佩服自己了！」也就了無遺憾矣。

BOD Books on Demand

史地傳記類　PC0819

你一直在我們心中：
吳新發博士懷念文集

編　　者／張譽騰
責任編輯／陳慈蓉
圖文排版／莊皓云
封面設計／王嵩賀

發 行 人／宋政坤
法律顧問／毛國樑　律師
出版發行／秀威資訊科技股份有限公司
114台北市內湖區瑞光路76巷65號1樓
電話：+886-2-2796-3638　傳真：+886-2-2796-1377
http://www.showwe.com.tw
劃撥帳號／19563868　戶名：秀威資訊科技股份有限公司
讀者服務信箱：service@showwe.com.tw
展售門市／國家書店（松江門市）
104台北市中山區松江路209號1樓
電話：+886-2-2518-0207　傳真：+886-2-2518-0778
網路訂購／秀威網路書店：https://store.showwe.tw
國家網路書店：https://www.govbooks.com.tw

2019年4月　BOD一版
定價：380元

國家圖書館出版品預行編目

你一直在我們心中 : 吳新發博士懷念文集 / 張譽騰編. --
一版. -- 臺北市 : 秀威資訊科技, 2019.04
面； 公分. -- (史地傳記類 ; PC0819)
BOD版
ISBN 978-986-326-666-2(平裝)

1. 吳新發 2. 傳記 3. 文集

783.3886 108002440

讀者回函卡

感謝您購買本書，為提升服務品質，請填妥以下資料，將讀者回函卡直接寄回或傳真本公司，收到您的寶貴意見後，我們會收藏記錄及檢討，謝謝！如您需要了解本公司最新出版書目、購書優惠或企劃活動，歡迎您上網查詢或下載相關資料：http:// www.showwe.com.tw

您購買的書名：＿＿＿＿＿＿＿＿＿＿＿＿＿＿＿＿＿＿＿＿

出生日期：＿＿＿＿年＿＿＿＿月＿＿＿＿日

學歷：□高中（含）以下　□大專　□研究所（含）以上

職業：□製造業　□金融業　□資訊業　□軍警　□傳播業　□自由業

□服務業　□公務員　□教職　□學生　□家管　□其它＿＿＿

購書地點：□網路書店　□實體書店　□書展　□郵購　□贈閱　□其他

您從何得知本書的消息？

□網路書店　□實體書店　□網路搜尋　□電子報　□書訊　□雜誌

□傳播媒體　□親友推薦　□網站推薦　□部落格　□其他＿＿＿＿＿

您對本書的評價：（請填代號　1.非常滿意　2.滿意　3.尚可　4.再改進）

封面設計＿＿　版面編排＿＿　內容＿＿　文／譯筆＿＿　價格＿＿

讀完書後您覺得：

□很有收穫　□有收穫　□收穫不多　□沒收穫

對我們的建議：＿＿＿＿＿＿＿＿＿＿＿＿＿＿＿＿＿＿＿＿

＿＿＿＿＿＿＿＿＿＿＿＿＿＿＿＿＿＿＿＿＿＿＿＿＿＿

＿＿＿＿＿＿＿＿＿＿＿＿＿＿＿＿＿＿＿＿＿＿＿＿＿＿

＿＿＿＿＿＿＿＿＿＿＿＿＿＿＿＿＿＿＿＿＿＿＿＿＿＿

請貼
郵票

11466
台北市內湖區瑞光路 76 巷 65 號 1 樓
秀威資訊科技股份有限公司 收
BOD 數位出版事業部

(請沿線對折寄回,謝謝!)

姓　　名:＿＿＿＿＿＿＿＿　年齡:＿＿＿＿　性別:□女　□男

郵遞區號:□□□□□

地　　址:＿＿＿＿＿＿＿＿＿＿＿＿＿＿＿＿

聯絡電話:(日)＿＿＿＿＿＿＿＿　(夜)＿＿＿＿＿＿＿＿

E-mail:＿＿＿＿＿＿＿＿＿＿＿＿＿＿＿＿